編みものともだち

三國万里子

文化出版局

CONTENTS

ヘンリーネックセーター —— 03, 04
クマミトン —— 04, 06
丸い花の靴下 —— 07
ガンジーセーター —— 08
つの靴下 —— 10
白い帽子 —— 11
アランロングカーディガン —— 12
キノコミトン —— 14
波のセーター —— 15
すずらんのショール —— 16
鳥とザクロのカーディガン —— 18
ループカーディガン —— 20
4色ボーダーの帽子 —— 22
赤マフラー —— 24
青マフラー —— 25
ロングカーディガン —— 26
木の葉のカーディガン —— 28
雲と山の帽子 —— 30
猫ミトン —— 31
蝶ミトン —— 32
白いマフラー —— 33

ステッチのレッスン —— 34
フェアアイルニットのポイントレッスン —— 37
INDEX —— 38

あとがき —— 41

編み物の基礎 —— 85
この本で使用している糸 —— 91

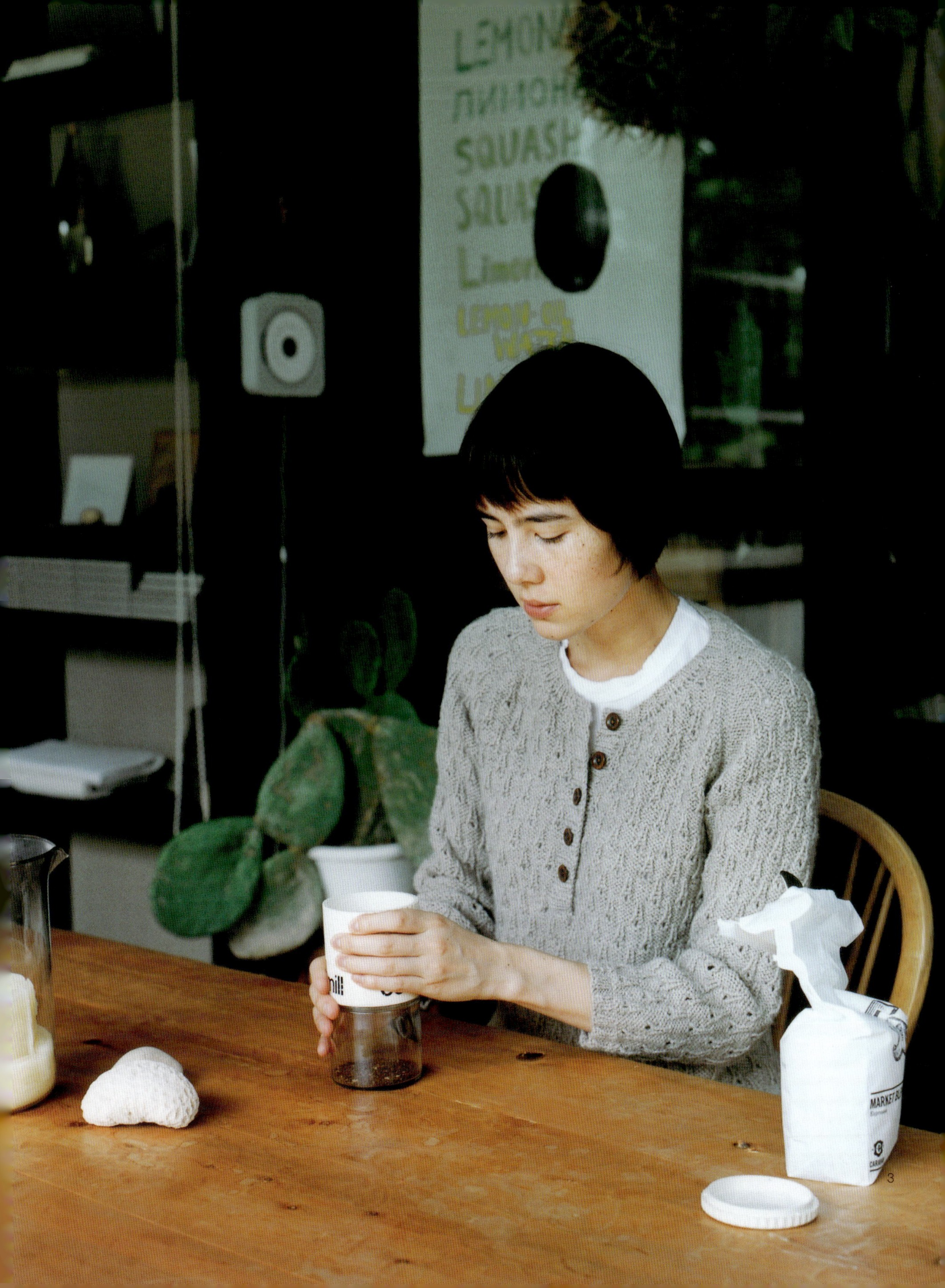
SQUASH

ヘンリーネックセーター

編むときに思い浮かべていたのは、料理人。
さっと脱ぎ着できて動きやすく、
程よく体にそうから、
立ち働く姿がスマートに見えます。
サンドベージュは食材が映える色ですね。

see page > **42**

クマミトン

わたしのクマは、こんなクマ〜。
鼻歌を歌いながら、みなさんもぜひ自由に、
ご自分のクマを刺繍してみてください。
まじめなクマも、クマに見えないクマも、
刺繍し終えると
こころが晴れ晴れしますよ。

see page > **46**

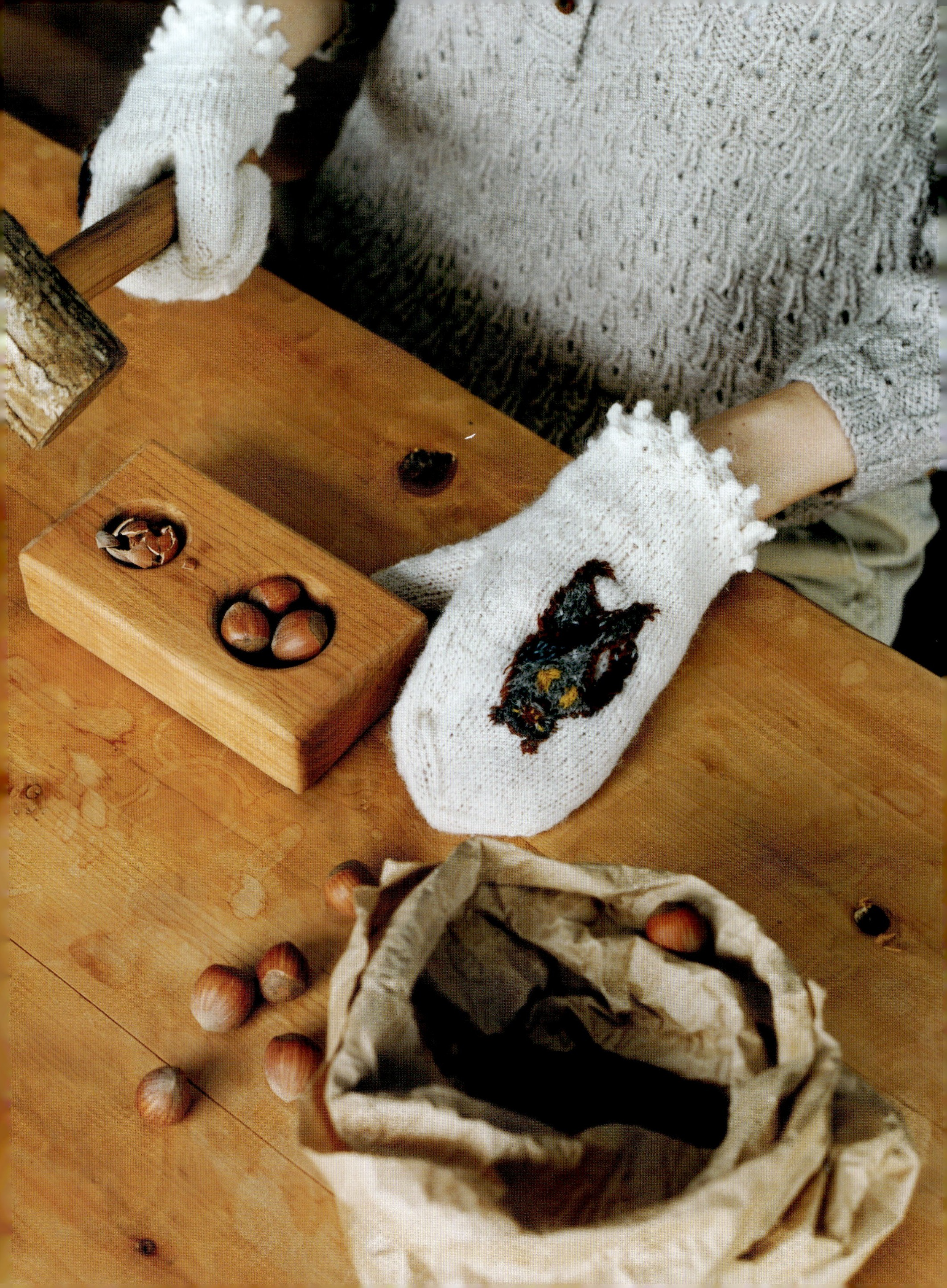

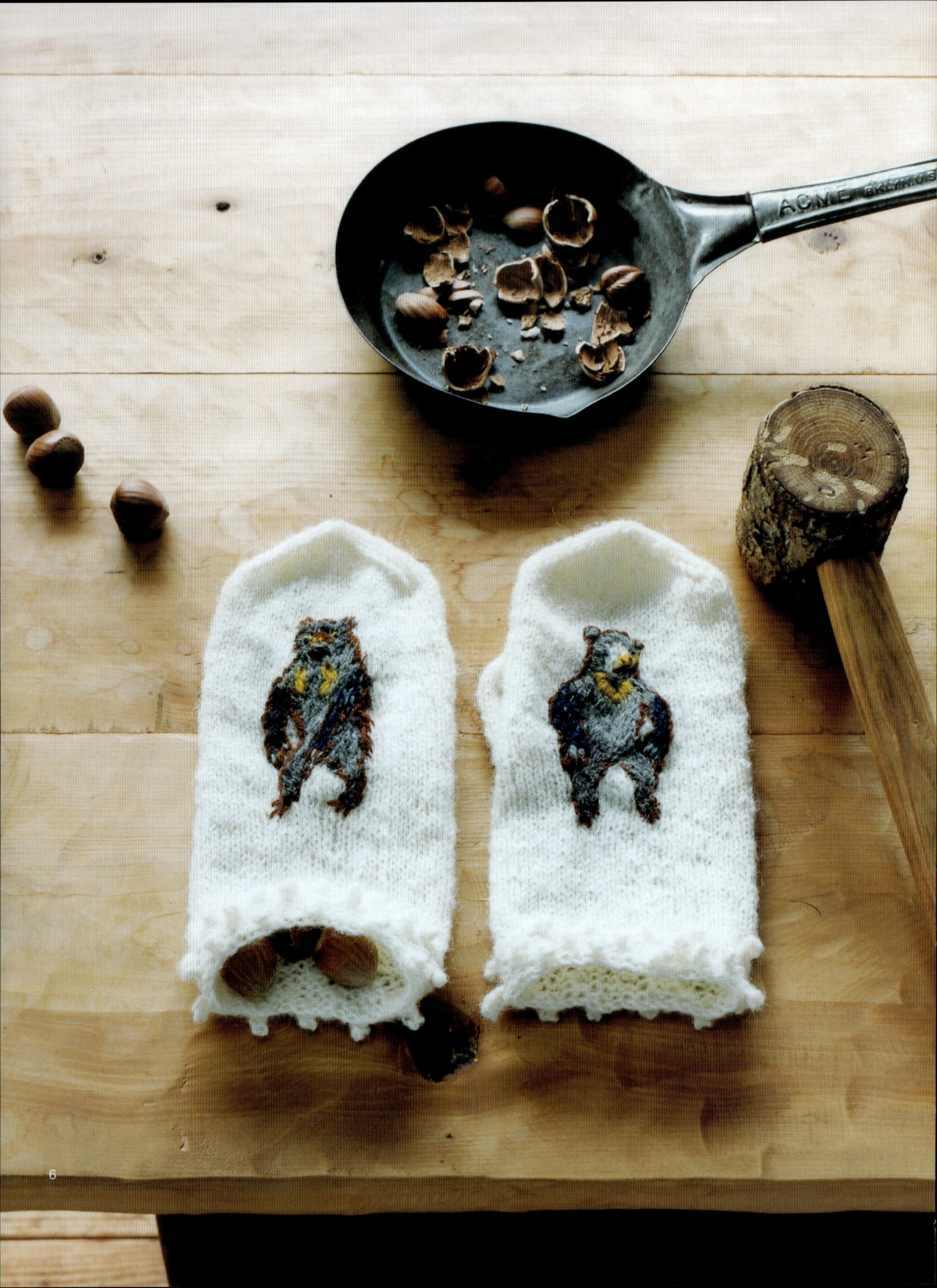
ACME

丸い花の靴下

小さい花がみっしりと並ぶ、
素朴なレース地で足首を編みました。
取っつきにくく見える靴下も、
かかとの作り方を飲み込んでしまえば、
案外さっとできて楽しい。
足もとにこんなあたたかい色があると、ほっとしますね。

see page > **48**

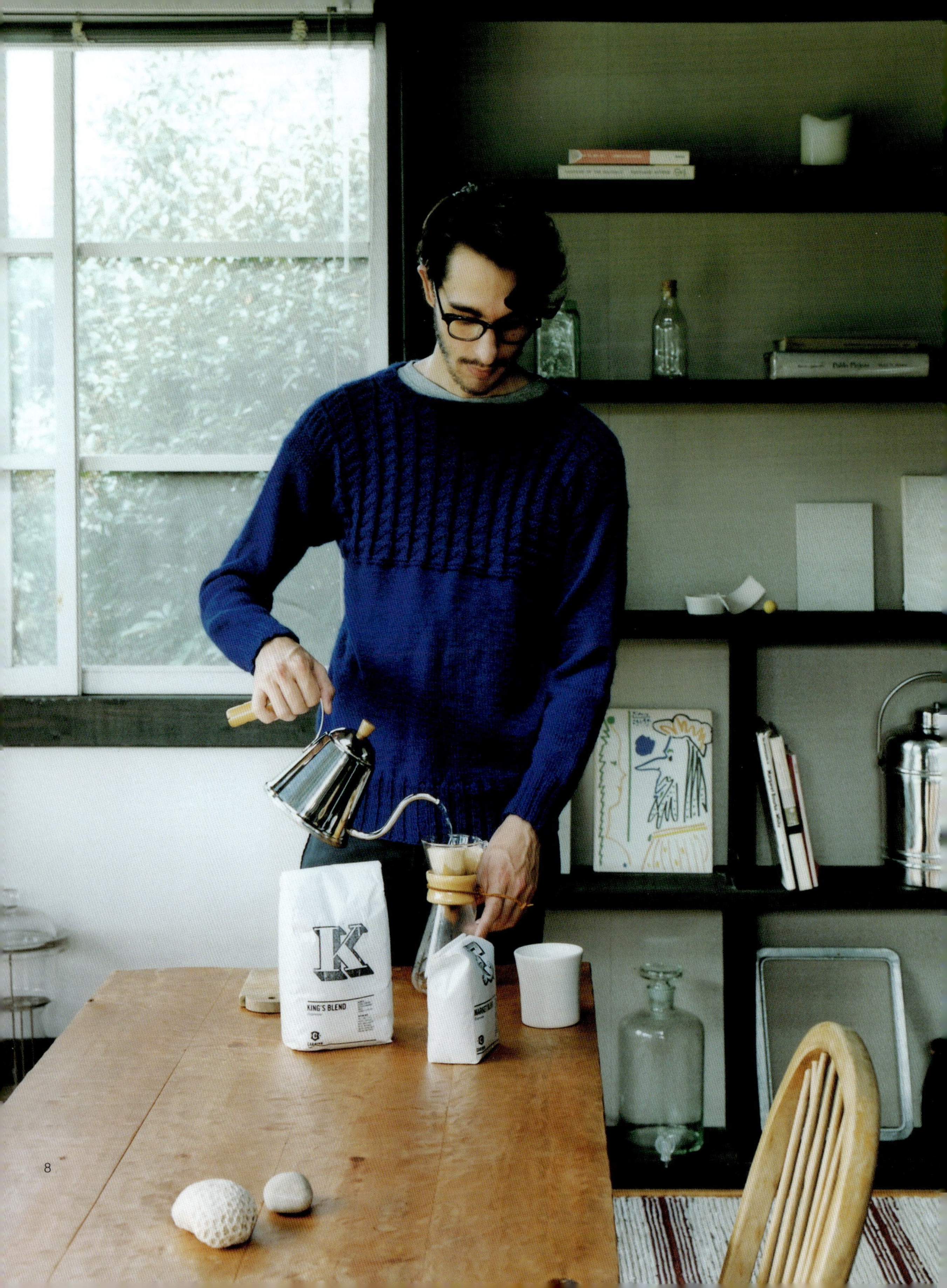
K
KING'S BLEND

ガンジーセーター

「なんてことのないセーター」はひとつの理想です。
働いているときも昼寝のときも、
着ていることを忘れるような。
ドロップショルダーと脇下のまちは
典型的なガンジーの編み方にならっています。
小さい三角模様が作る陰影がきれいで
いろんな角度から眺めたくなります。

see page > **53**

つの靴下

ぴこぴこ全方位に飛び出している、たくさんの、つの。
筒にすると大きな松ぼっくりみたいです。
編み出しては伏せ目、の繰返しのリズムに乗ると、
いつのまにかどんどん増えていって壮観。
わたしはロールアップしたパンツに合わせて履くつもりです。

see page > **50**

白い帽子

綾織りのツイード地のような編み地。
ベーシックだけど、あまり見かけない独特のテクスチャーは
浮き目を繰り返して編んでいます。
縦横に伸びにくい編み地なので、
ときどきゲージを確認してくださいね。

see page > **52**

アラン
ロングカーディガン

いきおいよく伸びる夏の草花のような
ケーブル柄を一面に並べました。
胸もとから緩やかに広がる
小さめの衿が気に入っています。
凹凸の深いケーブルが
身幅をきゅっと縮めているので
自然に体にそって着心地のいいアランです。

see page > **61**

13

キノコミトン

ここに白いキノコが生えたら、ちょっと離れたところに、オレンジの。
つぎは、まいたけ系のムラサキも。
色と形に導かれるうちにびっしりとミトンの甲が埋まっていきました。
刺繍するときは下絵をかかずに、
バランスを探しながら刺すと生き生きします。

see page > **56**

波のセーター

リズミカルにうねるこの模様を使いたくて
袖のない、肩までほぼまっすぐの
セーターの幅いっぱいにはめ込みました。
波のようなラインは
少し変わった編み方。
7段下に針を入れて
編み地を「持ち上げ」て編みます。

see page > **58**

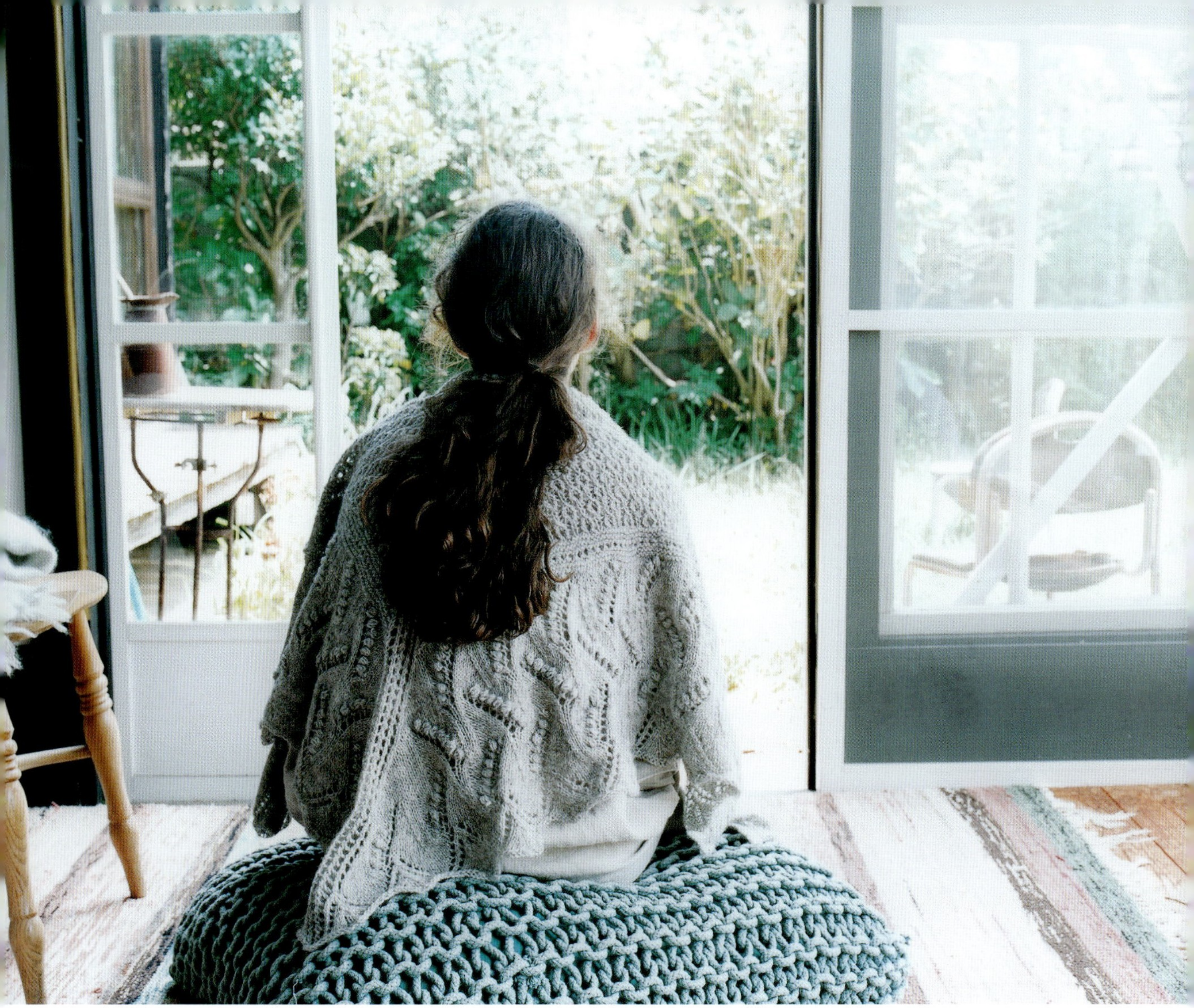

すずらんのショール

感じのいい三角ショールは自分で編むに限ります。
りちぎに、ていねいに編んだ跡は、なんとも言えず優しい。
ボーダーにすずらんをたくさん。
軽さを出したくて、中は透ける小さなレース地で埋めました。

see page > **65**

鳥とザクロのカーディガン

伝統柄は、昔誰かが考えた模様なのよね。
それなら、わたしも作ってみよう、と思って描いた「伝統柄的なパターン」です。
３９目×３２段のリピートに編み込んだのは、
花とザクロ、こぼれたザクロの実とそれをついばみにくる鳥。
手首に向かって細くなる袖がクラシカルです。

see page > **69**

19

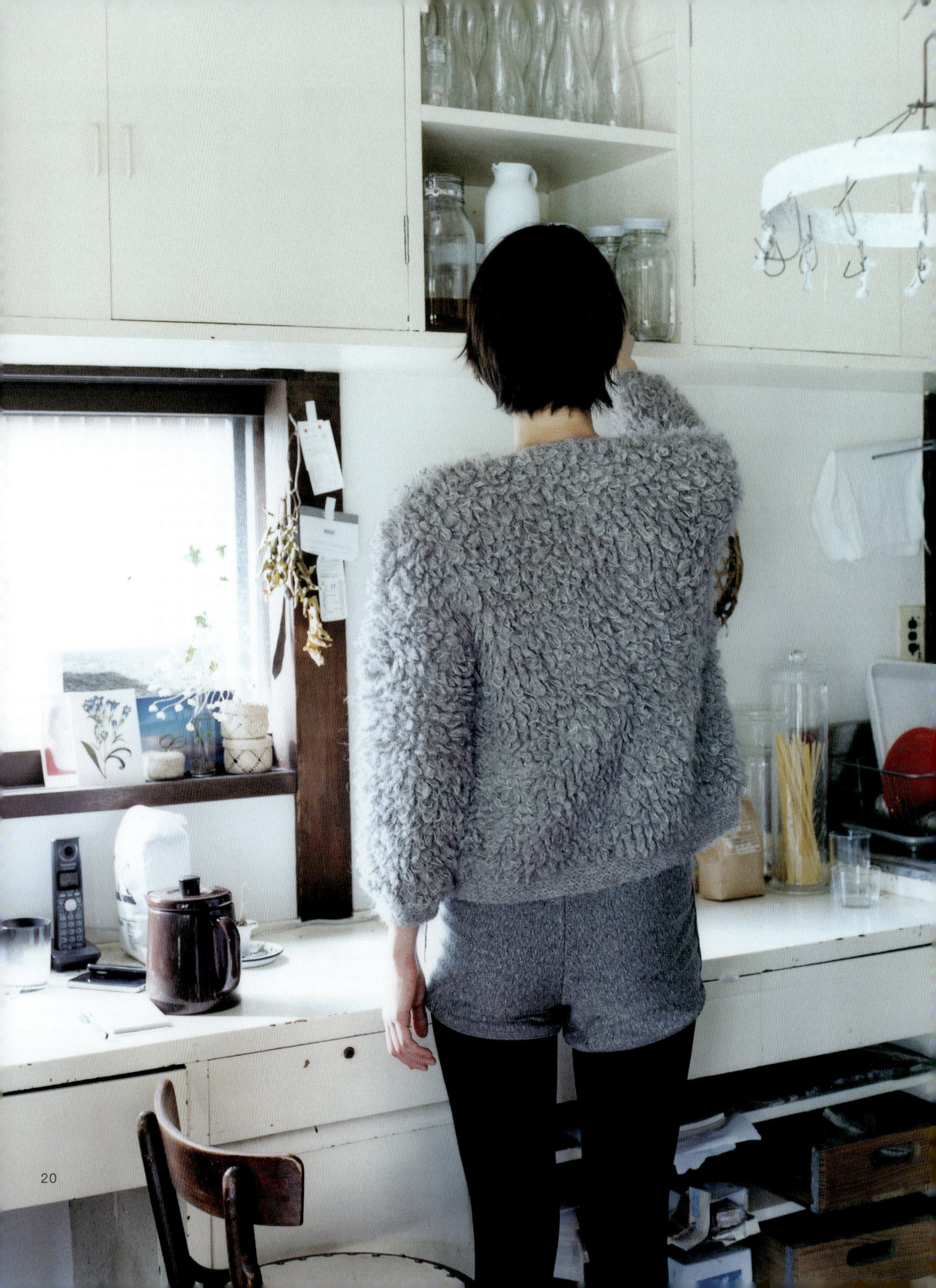

ループカーディガン

むくむく、ふわふわ。グレーに白が微妙に混じった糸でリング編みをしたら
本物の生きもののような、奥行きのあるテクスチャーになりました。
棒針編みの伸びにくいリング編みは、古着のこどもニットから教えてもらった編み方です。

see page > **72**

4色ボーダーの帽子

ベーシックでキリッとして、元気が出る。
ちょっとからめなこの配色は、
何度でも使いたくなるお気に入りです。
ジグザグの模様は編込みではなく、
すべり目で形を出すので簡単。
気負わずにかぶれる、寒い日の友になるはずです。

see page > **60**

23

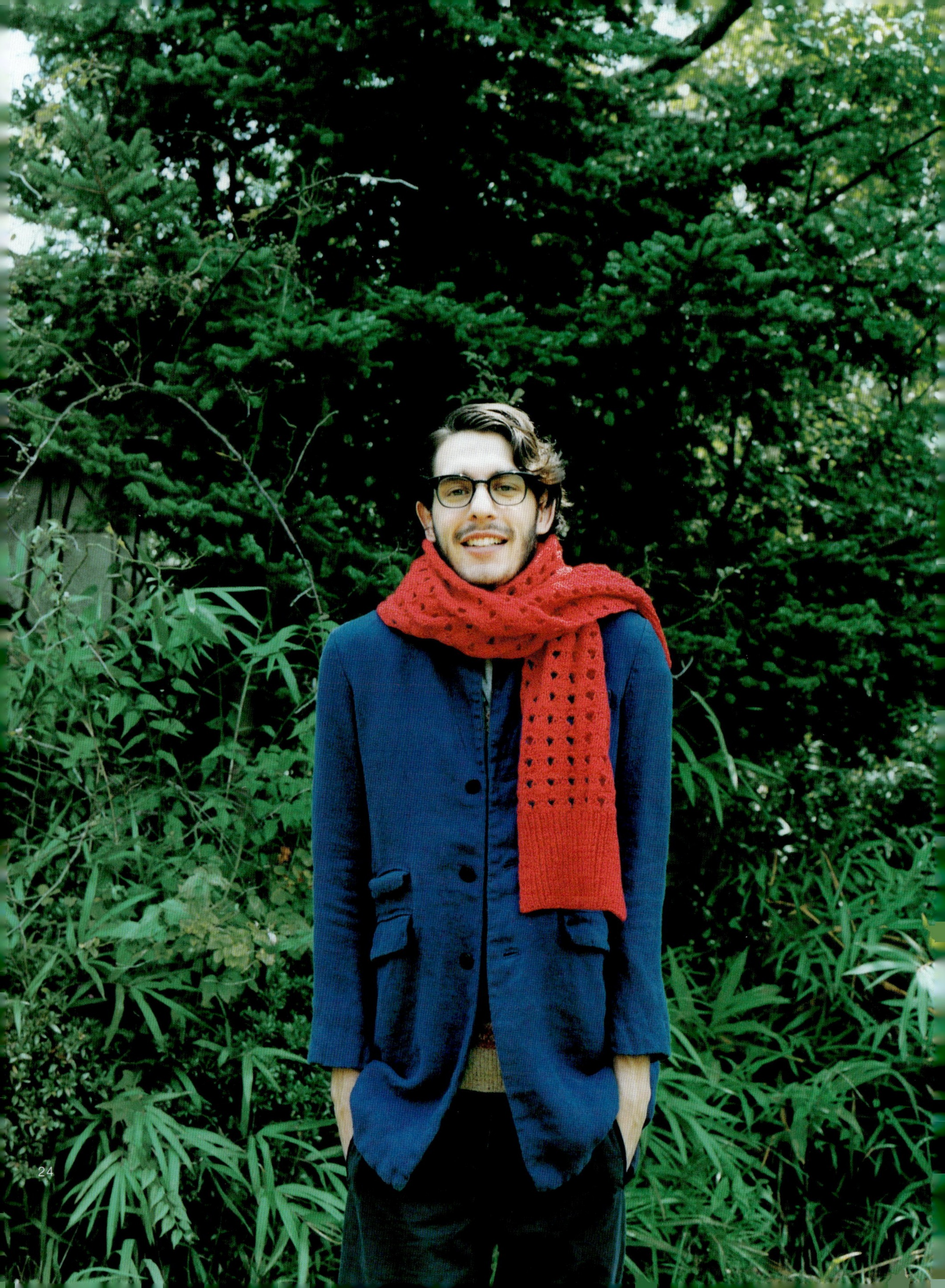

赤マフラー

パンチャーでパチンパチンと穴をあけたみたい。
少し離れてみると穴に仕切られた編み地が丸く並んで見えます。
こんなマフラー巻いた人は、楽しげで話しかけたくなりませんか？

see page > **64**

青マフラー

Seafoam＝海のあぶく、という名前の透ける編み地。
握るとくしゃっと小さくなって、またぱっと元どおりになります。
ベースはガーター地。
ドライブ編みが間に入っているのであっという間に長くなります。

see page > **68**

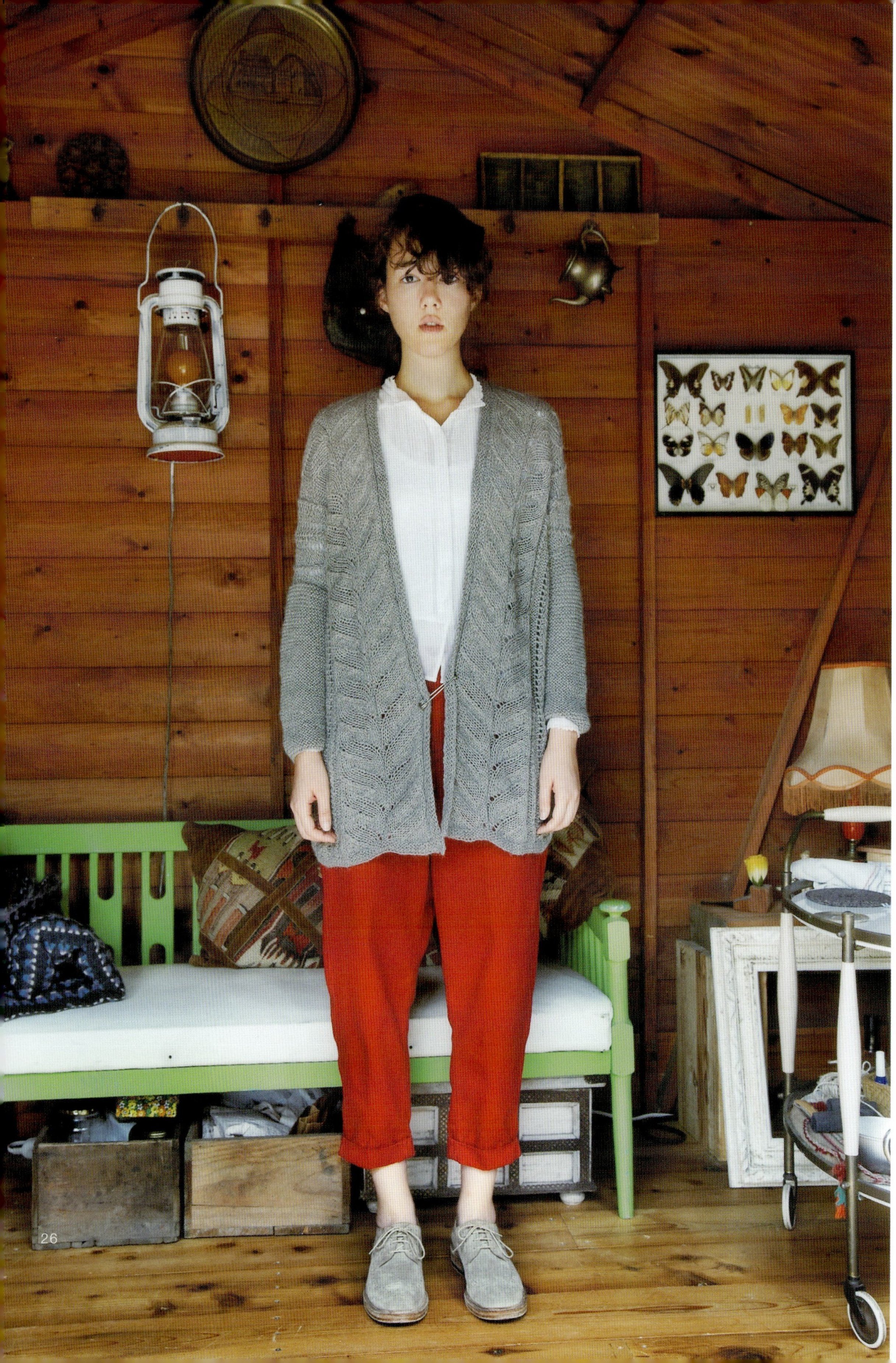

ロングカーディガン

アルパカ糸の、薄手でたっぷりしたカーディガンがほしい、と思いました。
寒いなと思ったとき、さっとはおるための。
前端にはちょっとケーブルに似ている厚みの出ない柄を選びました。
細めの袖はガーター地でのんびりした表情に。

see page > **78**

木の葉の
カーディガン

袖を通して鏡を見たら、
予想以上に似合う。
自分の中の女の子が顔を出すようで、
新鮮でした。
先に編んでおいた袖を
ヨークとつなぐとき、
葉っぱ柄が一列に並ぶのが
スリリングでもあり、
ほっとするところでもあります。

see page > **75**

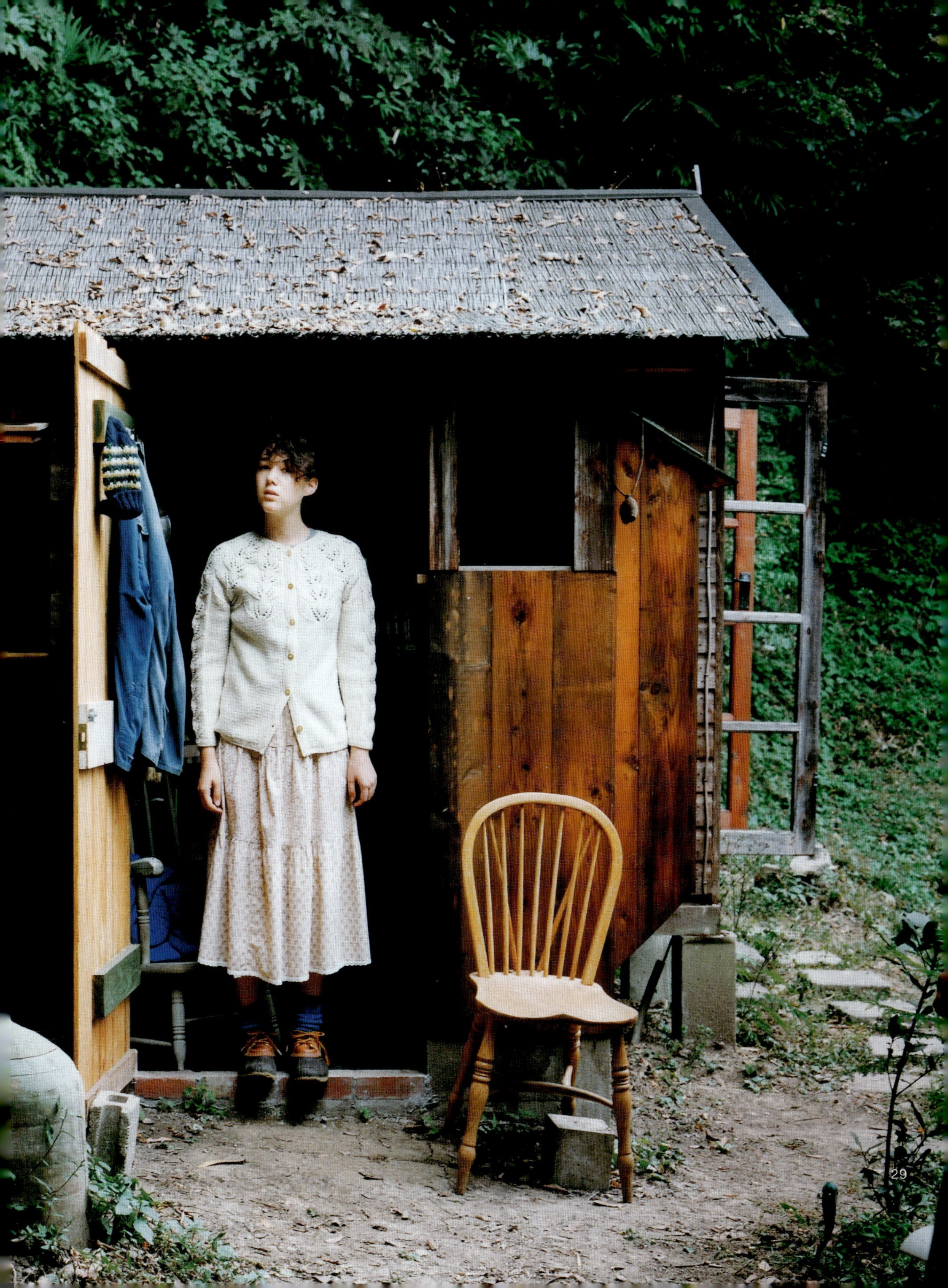

雲と山の帽子

clouds and mountains という名前になるほど、です。
パターン集でこの柄に出会ったとき、
冬の色のキャップを編みたいなと思いました。
雲をまとわりつかせた、
淡い小さな富士山が、たくさん。

see page > **74**

猫ミトン

満月の夜にぞろりと集まった猫たち、
前足をそろえて、こちらを見ています。
目がハートですね、と
猫好きの知人に言われてびっくり。
てのひらのジグザグは立ちこめる霧です。

see page > **82**

蝶ミトン

蝶を「飛ばし」たくて、並びを斜めにずらしたら、
プリントのファブリックのような柄行きになりました。
モノトーンに添える赤は大人っぽい。

see page > **82**

白いマフラー

先端は鳥の翼の形にしよう。
ふと思いついて、針と糸を持って編み始めたら、
そのままでき上がってしまったマフラーです。
自然な曲線が描けるように、
端から少し入ったところで増し目と減し目をしています。

see page > **80**

ステッチのレッスン

アネモネのステッチ anemone stitch   see page > 07/48

表

裏

= ドライブ編み（2回巻き）

① 1段め（表側）。1目めに表目を編む要領で、右針を入れる。

② 手前側から向う側に向かって糸を2回巻きつける。

③ 糸を引き出して、左針を抜く。ドライブ編み（2回巻き）が1目編めた。

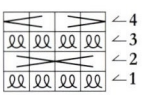

④ 同様に、すべての目をドライブ編みで編む。

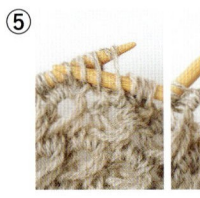

⑤ 2段め（表側）。前段のドライブ編み4目の手前側1本ずつに右針を入れて、左針からはずす。巻きつけていた分だけ長さが出る。

⑥ 伸ばした4目を左針に戻し、表目を編む要領で、4目一度に右針を入れる。

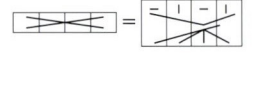

⑦ 4目一度に表目を編んで左針を抜かないでおき、糸を手前にして同じ目に右針を入れて裏目を編む。

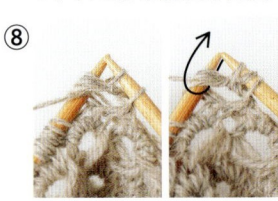

⑧ 左針を抜かないでおき、同じ目にさらに、表目、裏目を編む。

⑨ 左針をはずす。4目一度をした目から、編出し4目が編めた。

波のステッチ wave stitch   see page > 15/58

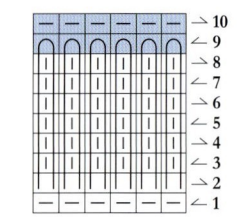

表

裏

① 1、2、4、6、8段めはすべて裏目、3、5、7段めはすべて表目で編む。9段め（表側）。2段めの目を矢印のようにすくう。

② そのまま左針の目にも針を入れる。

③ 2目一度に表目を編む。

④ 表目が編めた。2段めの目が引き上がる。

⑤ 同様に2段めの目を引き上げながら、合計6目編む。

⑥ 引き上げながら編んだところは、2段分の高さに詰まる。

子羊のしっぽのステッチ　lamb's tail stitch　see page > **10/50**

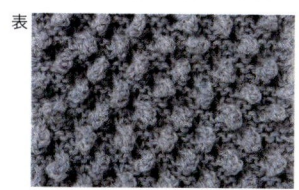

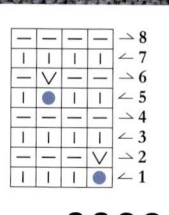

表
裏

● = |||| ←
　　4目作り目

① 1段め（表側）。1目めに矢印のように針を入れる。表目を編む要領で糸を引き出して左針を抜かないでおく。

② 矢印のように編んだ目を左針にかぶせる。右針は抜かないでおく。

③ 作り目1目めができた。そのままもう1目編む。

④ 同様に編んだ目を左針にかぶせる。作り目2目めができた。右針は抜かないでおく。

⑤ そのままもう1目編む。

⑥ ③・④を繰り返し、合計4目の作り目が左針にできたところ。

⑦ ②～⑥で作った左針の目を表目で2目編む。

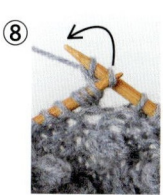

⑧ 2目めに1目めをかぶせて、伏せ目をする。

⑨ 同様に、合計4目伏せ目をする。1段めの1目めができた。

リング編み　knit-loop stitch　see page > **20/72**

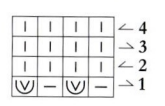

表
裏

∨ = リング編み

① 1段め（裏側）。中指に向う側から手前側に向かって2回巻きつけてループを作る。

② 中指を編み地側に折り曲げ、右針で矢印のように糸をすくう。

③ ループをすくったところ。中指にループをかけたまま、矢印のように左針の目に右針を入れる。

④ 左針から目をはずし、右針を矢印のように、中指のループの中と人さし指にかけた糸にくぐらせる。

⑤ くぐらせたところ。

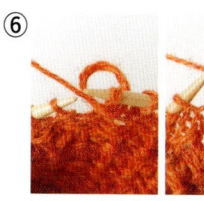

⑥ 中指をループからはずし、次の目を表目で編む。向う側（表側）にループができる。

35

れんこんのステッチ　lotus roots stitch　see page > **24/64**

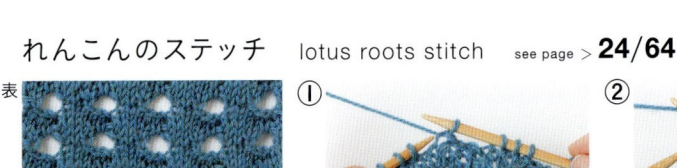

表
裏

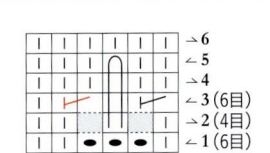

☐ ＝目のないところ

①  1段め（表側）。表目1目、伏せ目3目を編む。

② 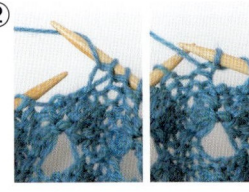 2段め（裏側）。裏目2目を編み、前段が伏せ目のところはかけ目をして、さらに裏目1目を編む。

③   3段め（表側）。右増し目を編む。右針で1段下の目を矢印のように1本すくい、表目で編む。

④  左針にかかっている目を表目で編む。目の右側に1目増えた。

⑤  前段のかけ目を左針からはずし、かけ目をする。

⑥  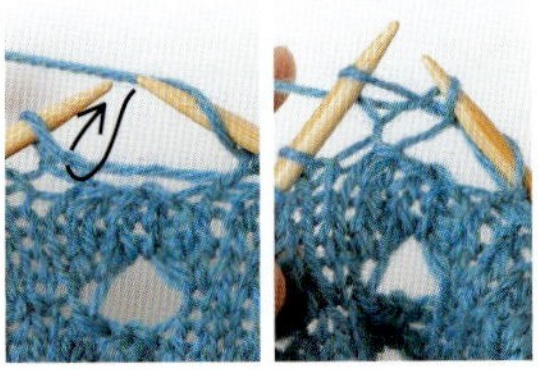 変り右増し目を編む。右針で1段下の目を矢印のように2本すくい、表目で編む。

⑦  左針にかかっている目を表目で編む。目の右側に1目増えた。

⑧  4段め（裏側）。裏目3目を編み、⑤の要領で、前段のかけ目を左針からはずしてかけ目をし、さらに裏目を編む。

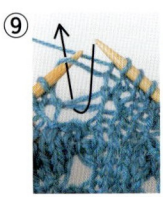

⑨  5段め（表側）。表目2目を編み、矢印のように3段分のかけ目を引き上げて表目を編む。

海のあぶくのステッチ　seafoam stitch　see page > **25/68**

表 
裏

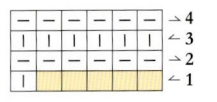

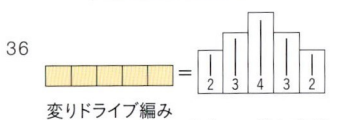

変リドライブ編み
（表目1目を編んで、数字の回数を巻く）

① 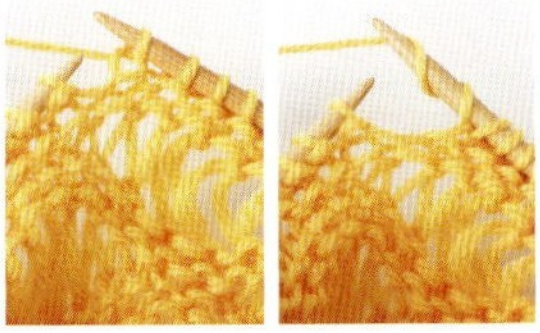 1段め（表側）。変リドライブ編み（2回巻き）を編む。表目1目を編み、右針に手前から向うに向かって糸を2回巻きつける。

② 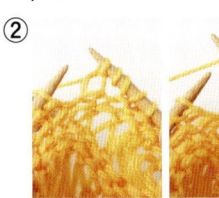  変リドライブ編み（3回巻き）を編む。表目1目を編み、右針に手前から向うに向かって糸を3回巻きつける。

③   変リドライブ編み（4回巻き）を編む。表目1目を編み、右針に手前から向うに向かって糸を4回巻きつける。

④ 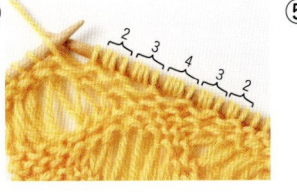 同様に、編み図に従い、変リドライブ編み（3回巻き）、（2回巻き）を編み、表目1目を編む。

⑤  2段め（裏側）。表目を編む。針に巻きつけた糸をほどく。

⑥  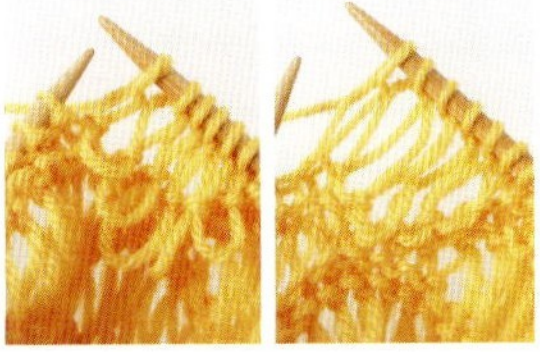 同様に、すべての目を表目で編む。巻きつけていた分だけ長さが出る。

36

雲と山のステッチ clouds and mountains stitch　see page > **30/74**

表

裏

□ =A色　■ =B色

① 2段め（表側）。A色で裏目6目を編む。

② 糸を向う側におき、2目すべり目をする。

③ 3段め（表側）。A色で表目6目を編む。

④ 前段ですべり目をした位置で、同様に2目すべり目をする。4段めは2段めと同様に編む。

⑤ 5段め（表側）。B色に替え、表目6目を編む。

⑥ 2～4段めですべり目をした位置で、同様に2目すべり目をする。毎段すべり目をしている2目は、A色のままになる。

フェアアイルニットのポイントレッスン　see page > **18/69**

スティークを切る　スティークとは、衿あきや袖あきを作らず輪に編み、あとから切り開くための切り代です。

① 前後身頃を輪に編み、肩をはいだところ。前中心、袖ぐり、前後衿ぐりにスティークがある。

② 上から見たところ。前衿ぐりと後ろ衿ぐりのスティークも、肩から続けてはぎ合わせる。

③ 前中心のスティーク12目の中央にはさみを入れる。身頃を一緒に切らないように注意して、まっすぐ切り開く。

④ 前後衿ぐりのスティークを続けて切り開く。ほどけにくい糸なので、切り口はそのままにしておく。

衿ぐりの目を拾う

⑤ 右前衿ぐりの休み目11目を、2号輪針（80cm）で拾う。

⑥ 濃紺の糸で針にとった目を表目で編む。

⑦ 続けて、身頃とスティークの間に針を入れ、右前衿ぐりから24目拾う。

⑧ 続けて、後ろ衿ぐりで減らしながら46目、左前衿ぐり24目、左前の休み目11目の計116目を拾う。

スティークの始末をする　わかりやすいように色を変えていますが、実際は濃紺の共糸を使用します。

⑨ 別に編んだ前立てを、身頃とスティークの間の渡り糸を拾ってすくいとじでとじ合わせる。スティークの端2目を切り落とす。

⑩ 4目残す。身頃を一緒に切らないように注意する。

⑪ 残した4目のうち2目を内側に折り、2目めの半目と身頃の渡り糸をすくってまつる。袖ぐり、衿ぐりのスティークも同様に始末する。

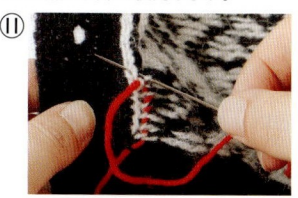

前衿ぐりの針の入れ方

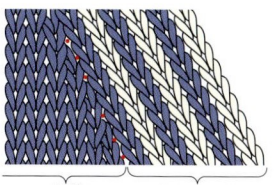

右前　スティーク

37

INDEX
WEAR

page 03, 04 / 42

page 08 / 53

page 12 / 61

page 15 / 58

page 18 / 69

page 20 / 72

page 26 / 78

page 28 / 75

MITTENS

page 04, 06 / 46

page 14 / 56

page 31 / 82

page 32 / 82

SOCKS

page 07 / 48

page 10 / 50

CAP

page 11 / 52

page 22 / 60

page 30 / 74

SHAWL & MUFFLER

page 16 / 65

page 24 / 64

page 25 / 68

page 33 / 80

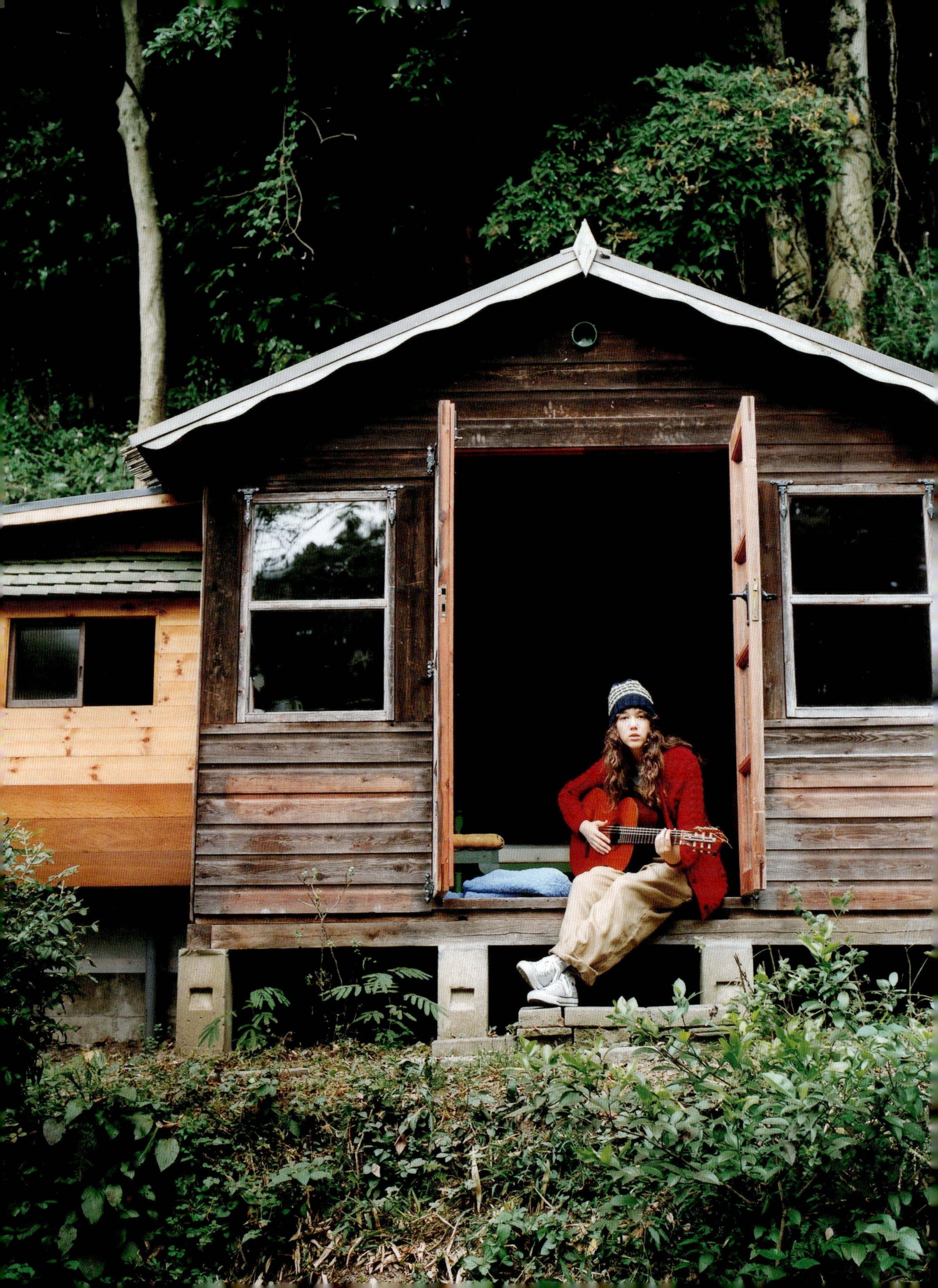

ひと月に2回、新宿で編みもののクラスを持っています。
教室のある15階でエレベーターを降りると、都庁が間近にどーん、と見えます。
見下ろすと神宮外苑の緑のかたまり。向うにはたぶん東京湾。
わたしの住む、埼玉の静かな住宅街はどこにあるやら。
廊下にあふれる生徒さんたちにもまれながら、
今日もたどりつけた〜〜〜、とほっとします。
教室では先に来ていたみんなが、
人数分の机を向い合せに並べて、おたがいの近況報告をはじめているから、
聞き逃さないように、わたしも急いで仲間に入ります。

ここは、編みものをする仲間のための場所です。
日々のあれこれや仕事をひとまず置いて、数時間を楽しむためにやって来た人たちの。
クラスにはおおらかな連帯感のようなものがあります。
「編む」ということがひとつの共通のことばになって、みんなをまとめているのかもしれません。

わかる人はわからない人に教えてあげる。
今日来られない仲間のことを、報告してくれる。
おしゃべり好きで手が止まりがちな人がいて、
そのおしゃべりをBGMがわりにして、ときどき笑いながら編み続ける人もいる。
先生役のわたしは、
みんなのまわりをぐるぐるまわりながら、質問に答えたり、口や手を出したり。

そんなことをしばらくやっているうちに、
ふと、じぶんのこころが軽くなっていることに気づきます。
ぜんぜん悩んでいるつもりはなかったけれど、仕事やらいろんなことを、
のめりこんで考えすぎていたのかもしれない。
そこからちょっと距離をおいて、今、ほっとしている。
編みものの仲間と過ごす時間に助けられている。
もしかしたら、ここにいるみんなもそうかもしれないな、とか。
この感じ、ずいぶん長いこと忘れていました。

編みものをはじめると、仲間がいるといいなと思うもの。
まわりに編む人がいなければ、あなたが教えてあげるのもいいですね。
編みものって大変そう、なんて言われたら、しめたものです。
やってみる？と聞けば、きっとうれしそうな顔になりますよ。
でも、なかなか見つからないなら、わたしのクラスに来てください。
仲間になりましょう。

待っていますよ。

三國万里子

page03,04 ヘンリーネックセーター

- [糸] パピー シェットランド
  サンドベージュ（7）390g
- [用具] 7号、9号輪針（80cm）、7号、9号2本棒針
- [その他] 直径1.7cmのボタン5個
- [ゲージ] 模様編み　21目28段が10cm四方
- [サイズ] 胸回り92cm、着丈58cm、ゆき丈62.5cm
- [編み方] 糸は1本どりで編みます。

前後身頃は指に糸をかける方法で188目作り目して輪にし、7号輪針で2目ゴム編みを編みます。9号輪針に替えて192目に増し、63段輪に編みます。前あきに糸をつけて伏せ目をし、続けて袖下までを往復に編みます。ラグラン線からは2本針に替え、右前を編みます。右脇に糸をつけて伏せ目をし、後ろを編みます。左脇に糸をつけて伏せ目をし、左前を編みます。袖は同様に50目作り目し、7号、9号2本棒針で、2目ゴム編みと模様編みで増減しながら編み、編終りは伏止めにします。袖下をすくいとじにし、身頃にすくいとじでつけます。衿ぐりに2目ゴム編みを編みます。短冊は、前身頃と衿ぐりから目を拾い、右前にはボタン穴をあけながら2目ゴム編みで編み、下端を前身頃につけます。ボタンをつけます。

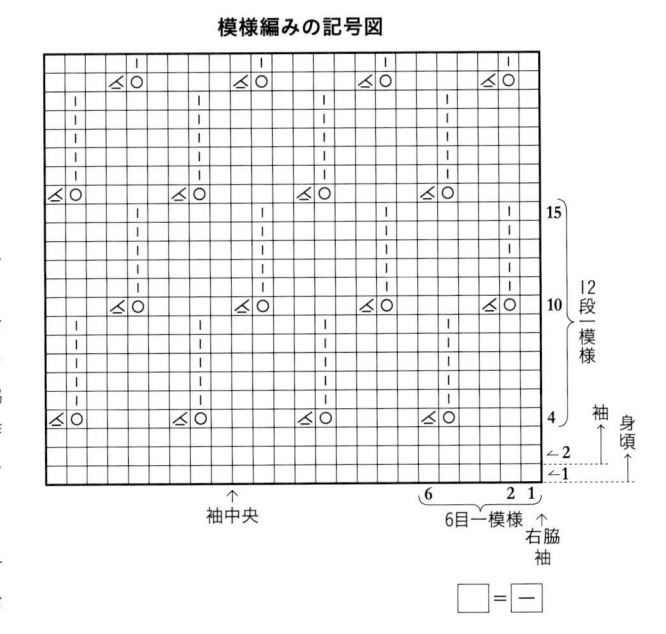

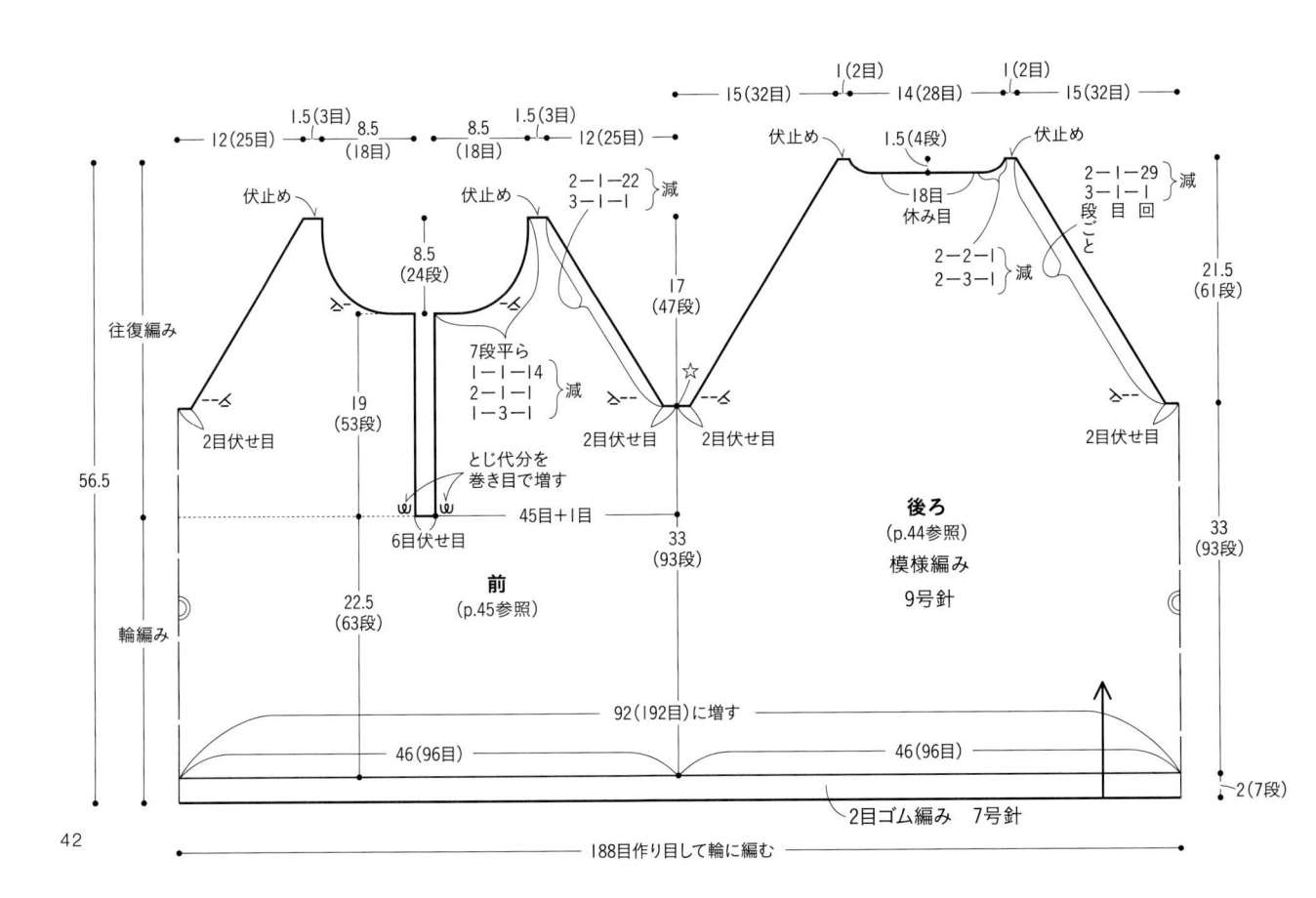

右袖

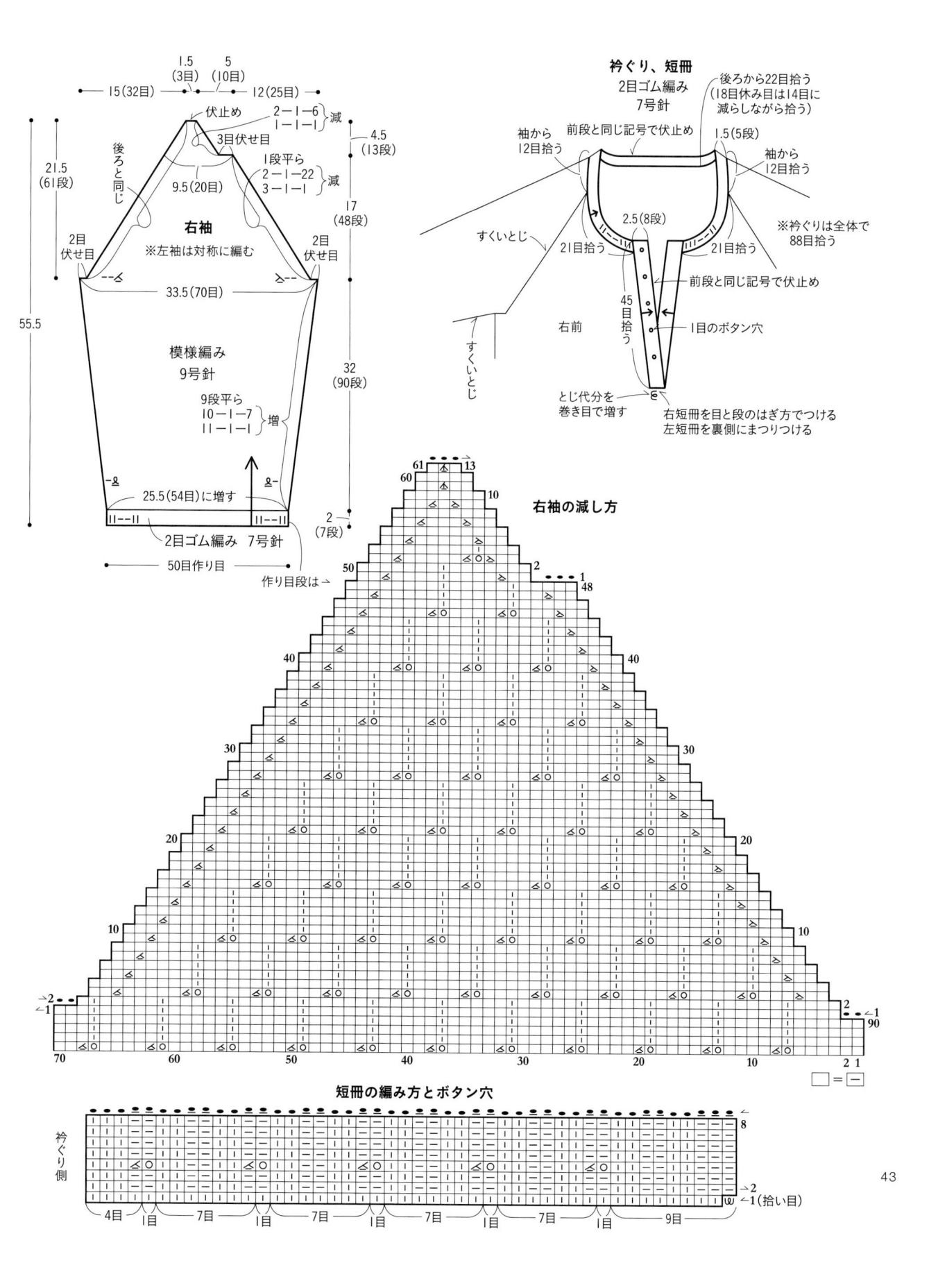

- 21.5 (61段)
- 15 (32目)
- 1.5 (3目)
- 5 (10目)
- 12 (25目)
- 伏止め
- 後ろと同じ
- 2-1-6 減
- 1-1-1
- 3目伏せ目
- 9.5 (20目)
- 4.5 (13段)
- 1段平ら
- 2-1-22 減
- 3-1-1
- 17 (48段)
- 2目伏せ目
- 33.5 (70目)
- 2目伏せ目
- ※左袖は対称に編む
- 模様編み 9号針
- 32 (90段)
- 9段平ら
- 10-1-7 増
- 11-1-1
- 25.5 (54目)に増す
- 2目ゴム編み 7号針
- 2 (7段)
- 50目作り目
- 作り目段は→
- 55.5

衿ぐり、短冊
2目ゴム編み 7号針

- 袖から12目拾う
- 前段と同じ記号で伏止め
- 1.5 (5段)
- 袖から12目拾う
- すくいとじ
- 2.5 (8段)
- 21目拾う
- 21目拾う
- 後ろから22目拾う (18目休み目は14目に減らしながら拾う)
- ※衿ぐりは全体で88目拾う
- 前段と同じ記号で伏止め
- 45目拾う
- 1目のボタン穴
- 右前
- すくいとじ
- とじ代分を巻き目で増す
- 右短冊を目と段のはぎ方でつける
- 左短冊を裏側にまつりつける

右袖の減し方

短冊の編み方とボタン穴

衿ぐり側

- 4目 / 1目 / 7目 / 1目 / 7目 / 1目 / 7目 / 1目 / 7目 / 1目 / 9目
- 1(拾い目)

□ = [-]

後ろの編み方

✎ = 糸をつける

□ = －

前の編み方

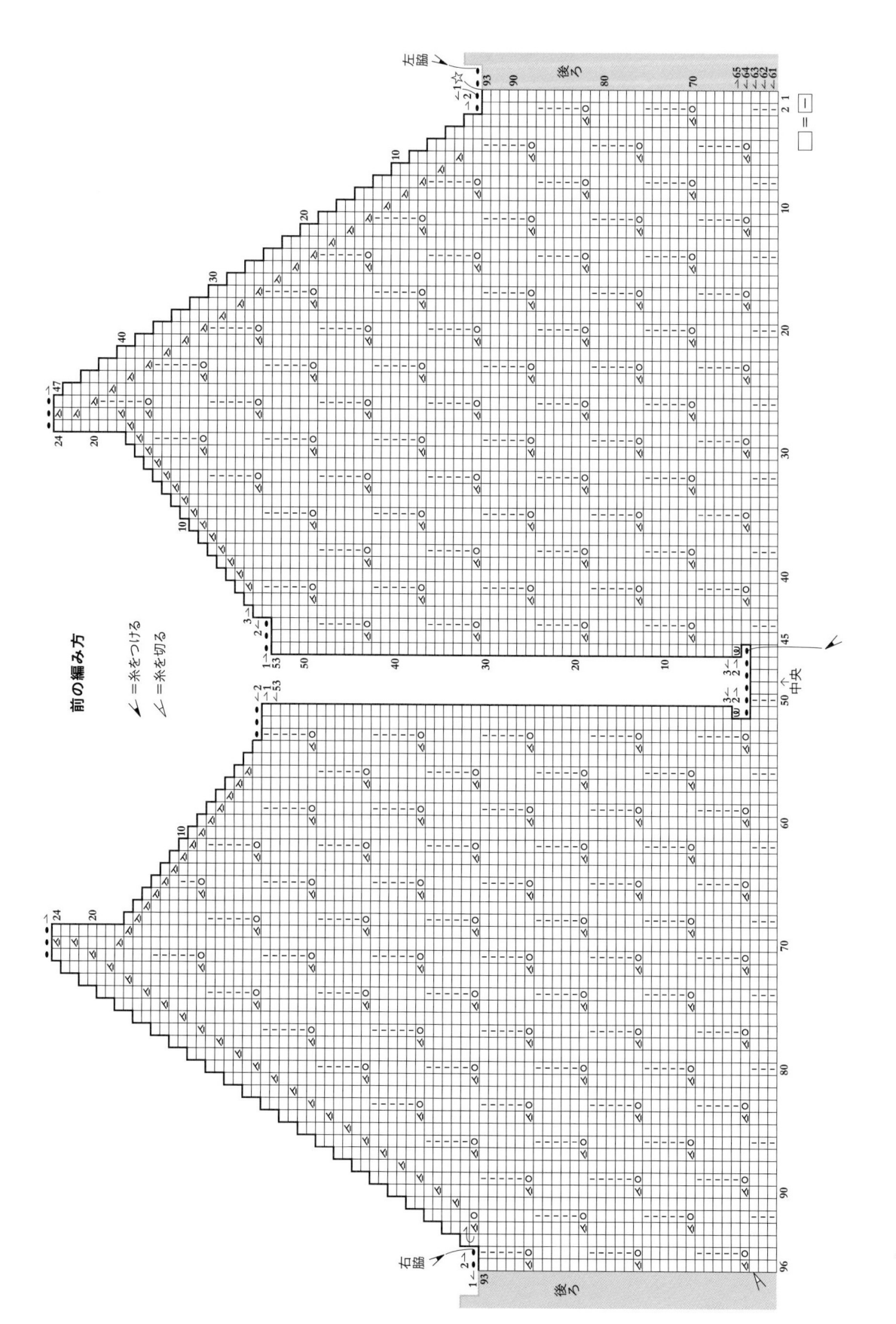

∠ = 糸をつける
∠ = 糸を切る

page04,06 クマミトン

- [糸] ジェイミソンズ シェットランド スピンドリフト オフホワイト（104/natural white）35g
- [用具] 4号4本棒針　毛糸刺繍針
- [その他] アップルトン クルウェルウール（刺繍用）
  紫色（106）、ブルーグレー（154）、茶色（767）、黄色（844）、グレー（964）、チャコールグレー（967）各少々
- [ゲージ] メリヤス編み　26目41段が10cm四方
- [サイズ] てのひら回り20cm、長さ19.5cm
- [編み方] 糸は1本どりで編みます。

指に糸をかける方法で40目作り目して輪にし、模様編み（p.35「子羊のしっぽのステッチ」参照）で編みます。52目に増し、メリヤス編みを編みますが、親指穴（左右で位置を変える）の下側は別糸を通して目を休め、上側の目を作ります（p.90参照）。指先を図のように減らし、残った8目に糸を通して絞ります。別糸を抜いて目を拾い（p.90参照）、親指をメリヤス編みで編みます。甲側に刺繍をします。

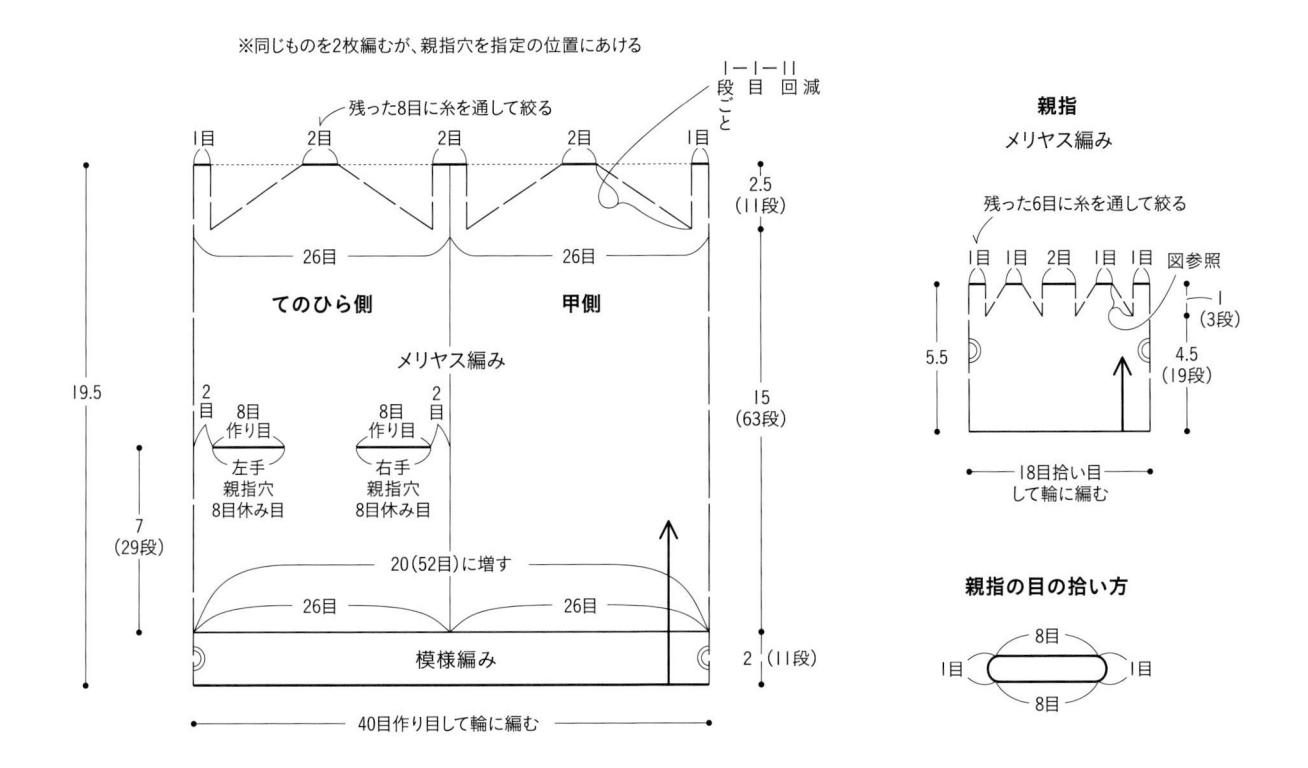

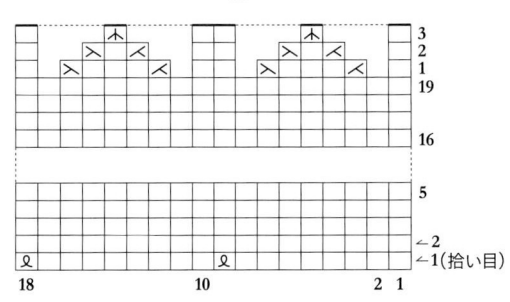

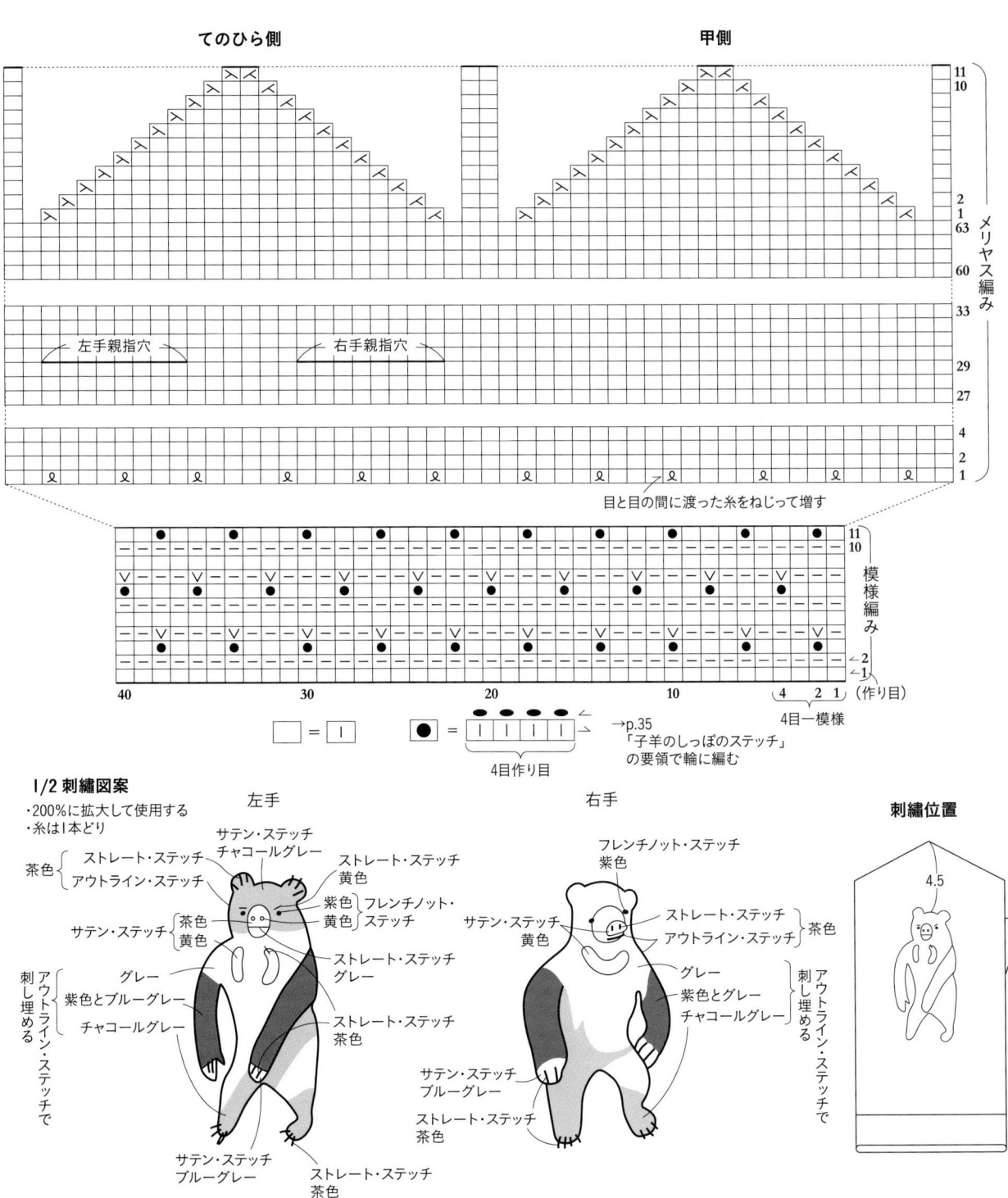

てのひら側　　　　　　　　　　　　　　　甲側

左手親指穴　　　　　　　右手親指穴

目と目の間に渡った糸をねじって増す

メリヤス編み

模様編み

40　　　　30　　　　　20　　　　　10　　　4　2　1（作り目）

4目一模様

□ = | 　　● = ||||　→p.35「子羊のしっぽのステッチ」の要領で輪に編む

4目作り目

1/2 刺繍図案
・200%に拡大して使用する
・糸は1本どり

左手　　　　　　　　　　　右手　　　　　　　　　　刺繍位置

茶色 { ストレート・ステッチ / アウトライン・ステッチ }

サテン・ステッチ チャコールグレー

ストレート・ステッチ 黄色

サテン・ステッチ 茶色 黄色

紫色 黄色 フレンチノット・ステッチ

グレー
紫色とブルーグレー
チャコールグレー

ストレート・ステッチ グレー

ストレート・ステッチ 茶色

アウトライン・ステッチで刺し埋める

サテン・ステッチ ブルーグレー

ストレート・ステッチ 茶色

フレンチノット・ステッチ 紫色

サテン・ステッチ 茶色 黄色

ストレート・ステッチ / アウトライン・ステッチ } 茶色

グレー
紫色とグレー
チャコールグレー

サテン・ステッチ ブルーグレー

ストレート・ステッチ 茶色

アウトライン・ステッチで刺し埋める

4.5

刺繍の基礎

アウトライン・ステッチ　　ストレート・ステッチ　　サテン・ステッチ　　フレンチノット・ステッチ　　チェーン・ステッチ

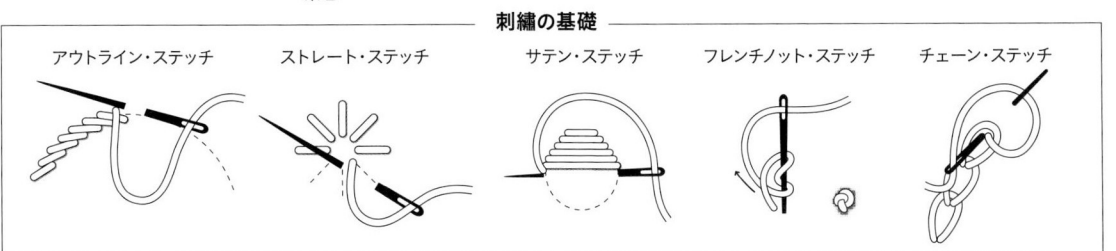

page07 丸い花の靴下

- [糸] パピー シェットランド
  赤(29) 90g
- [用具] 6号、12号4本棒針
- [ゲージ] 模様編みA 20目17段が10cm四方
  メリヤス編み 22目33段が10cm四方
- [サイズ] 足の大きさ23cm、長さ22.5cm
- [編み方] 糸は1本どりで編みます。

左足を編みます。足首は、指に糸をかける方法で42目作り目して輪にし、6号針でガーター編みを6段編みますが、最終段で40目に減らします。12号針に替え、足首を模様編みA(p.34「アネモネのステッチ」参照)で編み、最終段は表目を編みながら44目に増します。6号針に替え、甲側の11目を編み、ヒールフラップを模様編みBで往復に増減なく編み、かかとをメリヤス編みで引返し編みをしながら編みます。このとき甲側の22目(★、☆)は休めておきます。指定の位置から輪に拾い目し、メリヤス編みを図のように減らしながら14段編みます。続けて甲と底を増減なく44段編み、つま先を図のように減らし、残った14目を7目ずつメリヤスはぎにします。右足は、つま先の小指側と親指側を逆に編みます。

左足

42目作り目して輪に編む

ガーター編み
6号針

最終段で40目に減らす

20(40目)

1.5
(6段)

足首
模様編みA
12号針

16
(27段)

2－1－7 減
段 目 回
ごと

最終段で44目に増す

22目
休み目
(★、☆)

22目
拾う

ヒールフラップ
模様編みB
6号針
5(22段)

メリヤス編み
6号針

20(44目)

甲

11目
拾う

14目

図参照

かかと
メリヤス編み
6号針

2.5
(8段)

親指側
1段平ら
2－1－4
1－1－1 減

小指側
1－1－10 減

つま先

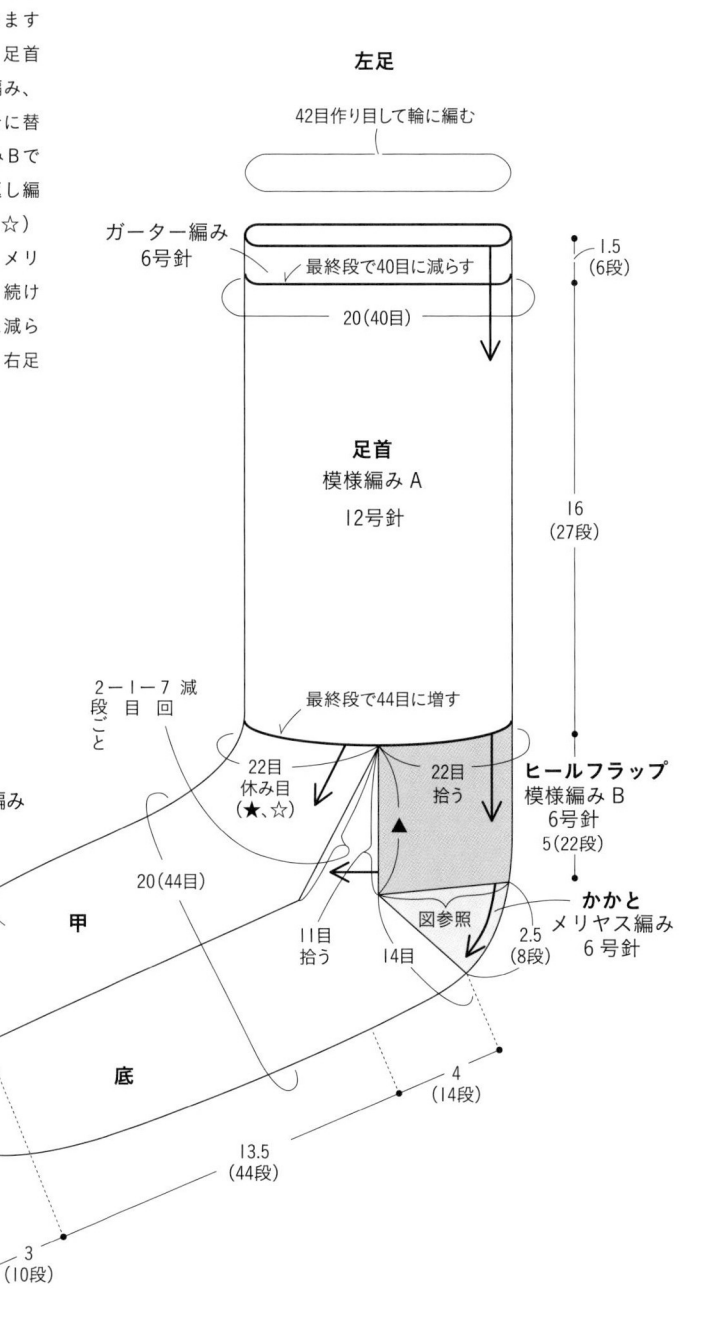

底

4
(14段)

残った14目を
7目ずつメリヤスはぎ

13.5
(44段)

3
(10段)

左足の編み方
※右足はつま先の小指側と親指側を逆に編む

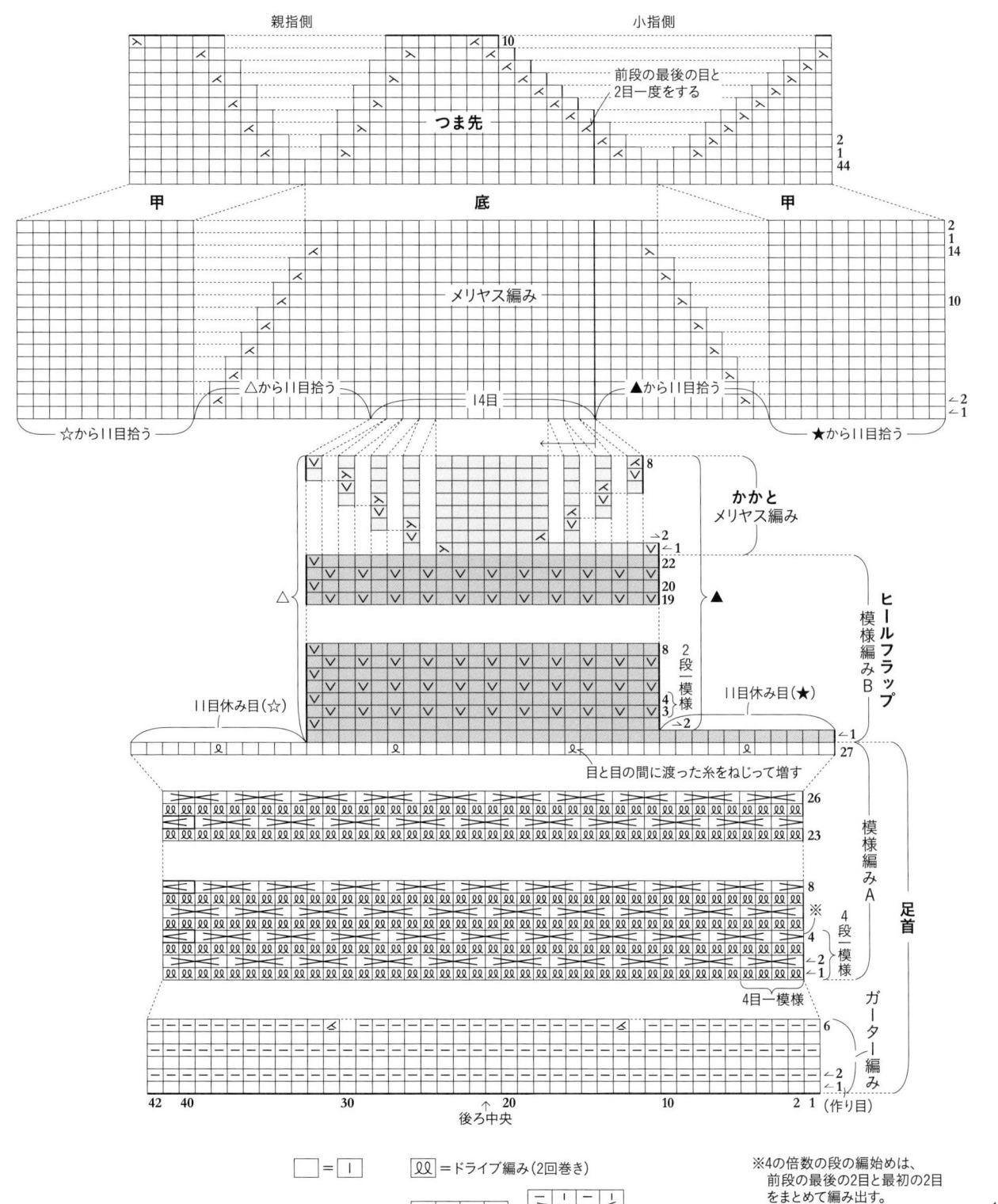

親指側　　　　小指側

つま先

前段の最後の目と
2目一度をする

甲　　底　　甲

△から11目拾う　　14目　　▲から11目拾う

☆から11目拾う　　　　　　★から11目拾う

メリヤス編み

かかと
メリヤス編み

ヒールフラップ
模様編みB

11目休み目(☆)　　11目休み目(★)

2段一模様

目と目の間に渡った糸をねじって増す

模様編みA

足首

4段一模様

4目一模様

ガーター編み

42　40　　30　　20　　10　　2　1　(作り目)
　　　　　　↑
　　　　後ろ中央

☐ = | 　　QQ = ドライブ編み(2回巻き)

→p.34「アネモネのステッチ」にプロセス写真解説あり

※4の倍数の段の編始めは、
前段の最後の2目と最初の2目
をまとめて編み出す。
段の最後まで編んだら、
最初の2目を編まずに
右針に移す
(元の位置に戻る)

page10 つの靴下

[糸] パピー シェットランド
オフホワイト(50) 115g
[用具] 6号4本棒針
[ゲージ] 模様編みA 24目39.5段が10cm四方
メリヤス編み 22目33段が10cm四方
[サイズ] 足の大きさ23cm、長さ21cm
[編み方] 糸は1本どりで編みます。
右足を編みます。足首は、指に糸をかける方法で38目作り目し、ガーター編みと模様編みA(p.35「子羊のしっぽのステッチ」参照)を79段編み、編終りは、裏を見ながら表目で伏止めにします。編終りと作り目をメリヤスはぎにして輪にします。ヒールフラップを拾い目して模様編みBで増減なく編み、かかとをメリヤス編みで引返し編みをしながら編みます。指定の位置から輪に拾い目し、メリヤス編みを図のように減らしながら14段編みます。続けて甲と底を増減なく44段編み、つま先を図のように減らし、残った14目を7目ずつメリヤスはぎにします。左足は、ヒールフラップを足首の40段めから拾い、つま先の小指側と親指側を逆に編みます。

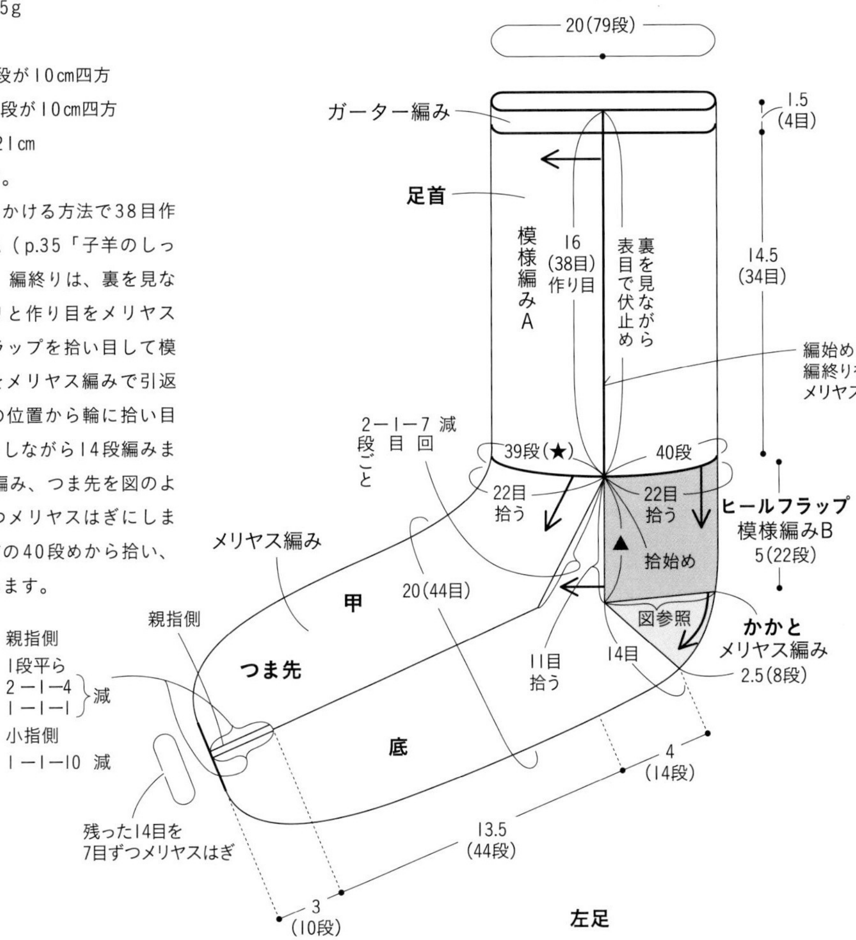

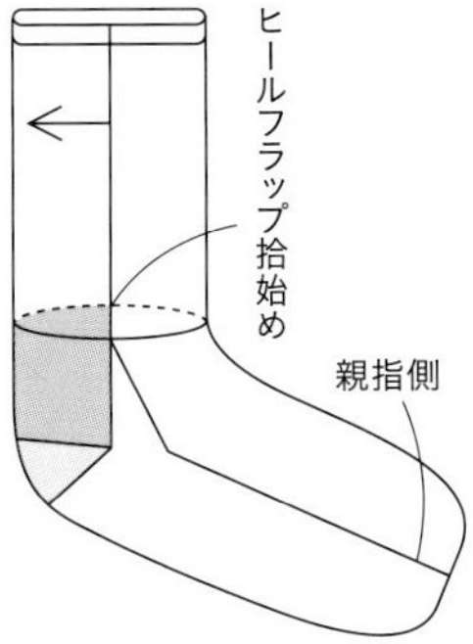

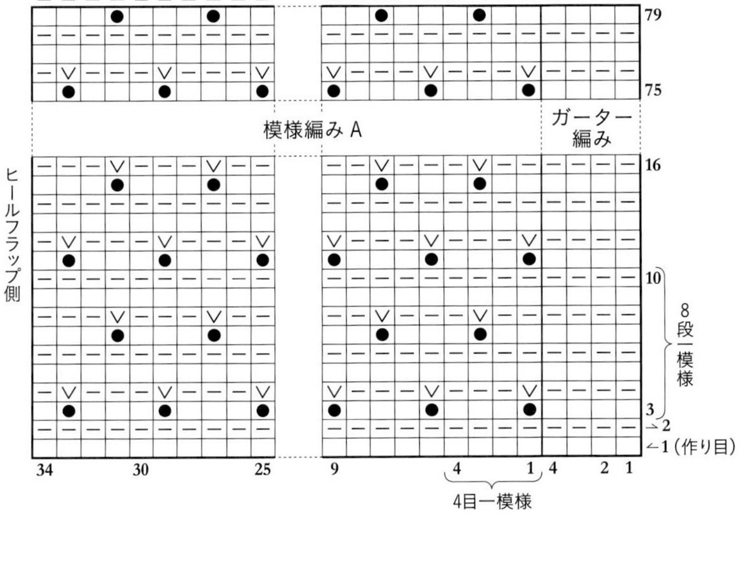

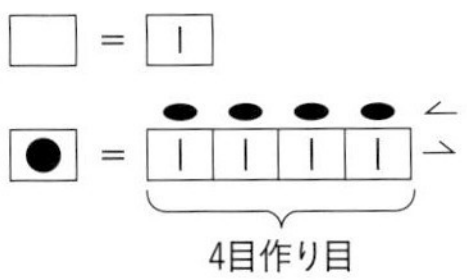

→p.35「子羊のしっぽのステッチ」にプロセス写真解説あり

右足のかかととつま先の編み方

※左足は、足首の40段めから目を拾い、つま先の小指側と親指側を逆に編む

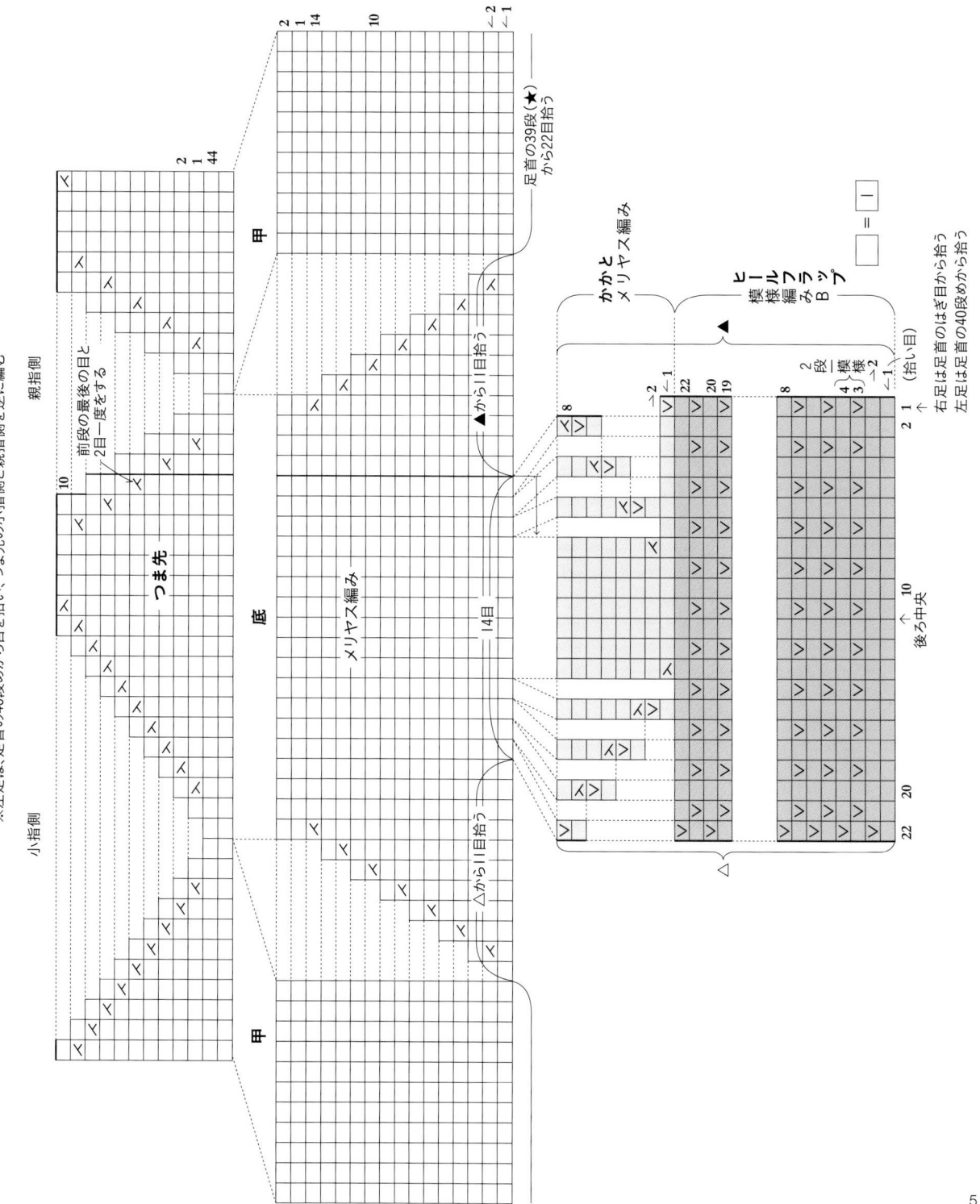

小指側 / 親指側

甲 / 底 / つま先 / 甲

メリヤス編み

14目

△から11目拾う / ▲から11目拾う

前段の最後の目と2目一度をする

足首の39段(★)から22目拾う

かかと メリヤス編み

ヒールフラップ 模様編みB

右足は足首のはぎ目から拾う
左足は足首の40段めから拾う

後ろ中央

□ = □

page 11 白い帽子

- [糸] ハマナカ ソノモノ アルパカウール《並太》
  オフホワイト（61）85g
- [用具] 10号2本棒針、8号4本棒針
- [ゲージ] 模様編み 20目37段が10cm四方
- [サイズ] 頭回り52cm、深さ24cm
- [編み方] 糸は1本どりで編みます。

指に糸をかける方法で34目作り目し、10号針で模様編みを編み、編終りは模様が続くように伏止めにします。編終りと作り目をメリヤスはぎにして輪にします。8号針で模様編みの側面から105目拾い、変りゴム編みを編みます。トップの端を粗くぐし縫いし、糸を絞ります。ポンポンを作ってトップにつけます。

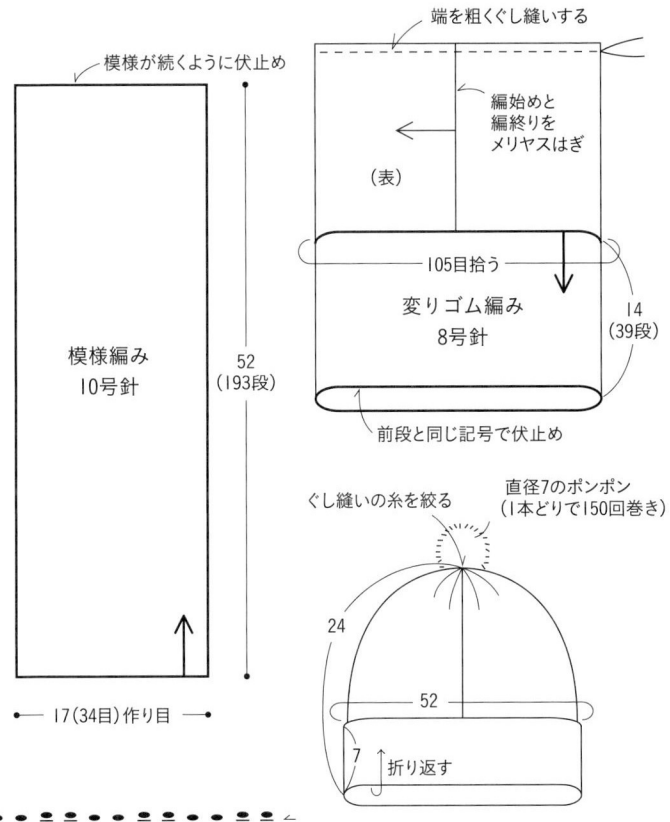

変りゴム編みの記号図

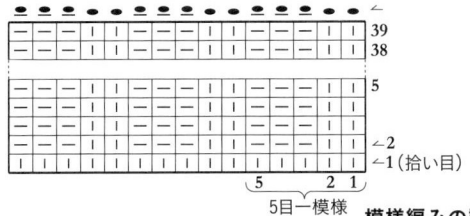

模様編みの記号図

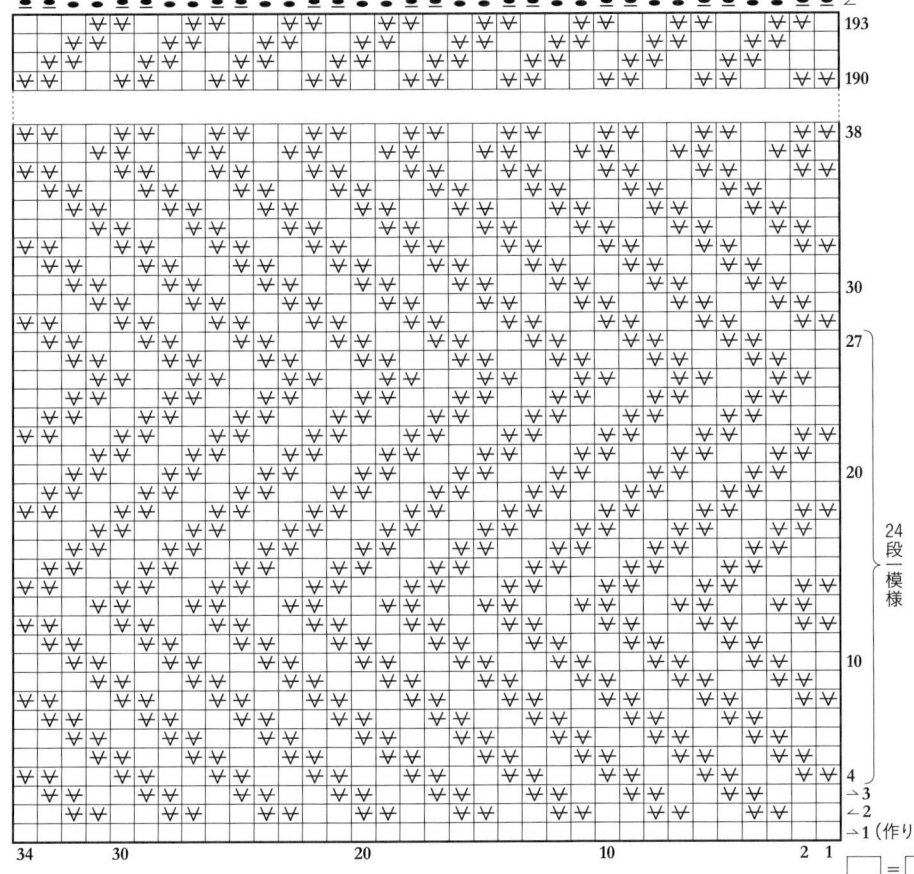

[ポンポンの作り方]

1. 厚紙に糸を指定回数巻く（ポンポンの直径に0.5cm加えた幅）
2. 中央を同色の糸でしっかり結び、毛糸を結び目に通して糸端でかがる。両側の輪を切る
3. 形よく切りそろえる

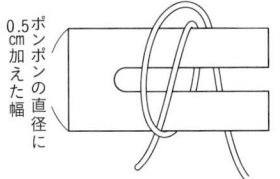

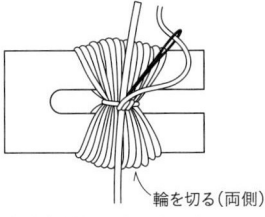

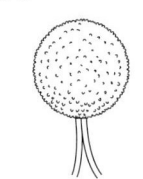

直径7のポンポン（1本どりで150回巻き）

page08 ガンジーセーター

- [糸] パピー シェットランド
  ロイヤルブルー（53）580g
- [用具] 6号、7号輪針（80cm）、6号、7号4本棒針
- [ゲージ] メリヤス編み　21.5目30.5段が10cm四方
  模様編み　21.5目32段が10cm四方
  ガーター編み　7目が3cm、30段が10cm
- [サイズ] 胸回り104cm、着丈68cm、ゆき丈80cm
- [編み方] 糸は1本どりで編みます。

前後身頃は指に糸をかける方法で196目作り目して輪にし、6号輪針で2目ゴム編みを編みます。7号針に替えて224目に増し、メリヤス編みで増減なく94段編みます。続けて、脇のまちをメリヤス編み、身頃をガーター編みと模様編みで19段編み、目を休めます。前後ヨークはそれぞれ目を拾い、ガーター編みと模様編みで往復に編みます。肩を引抜きはぎにします。袖は、7号4本針で脇のまちと袖ぐりから輪に目を拾い、メリヤス編みと2目ゴム編みで編みます。衿ぐりは2目ゴム編みを輪に編みます。

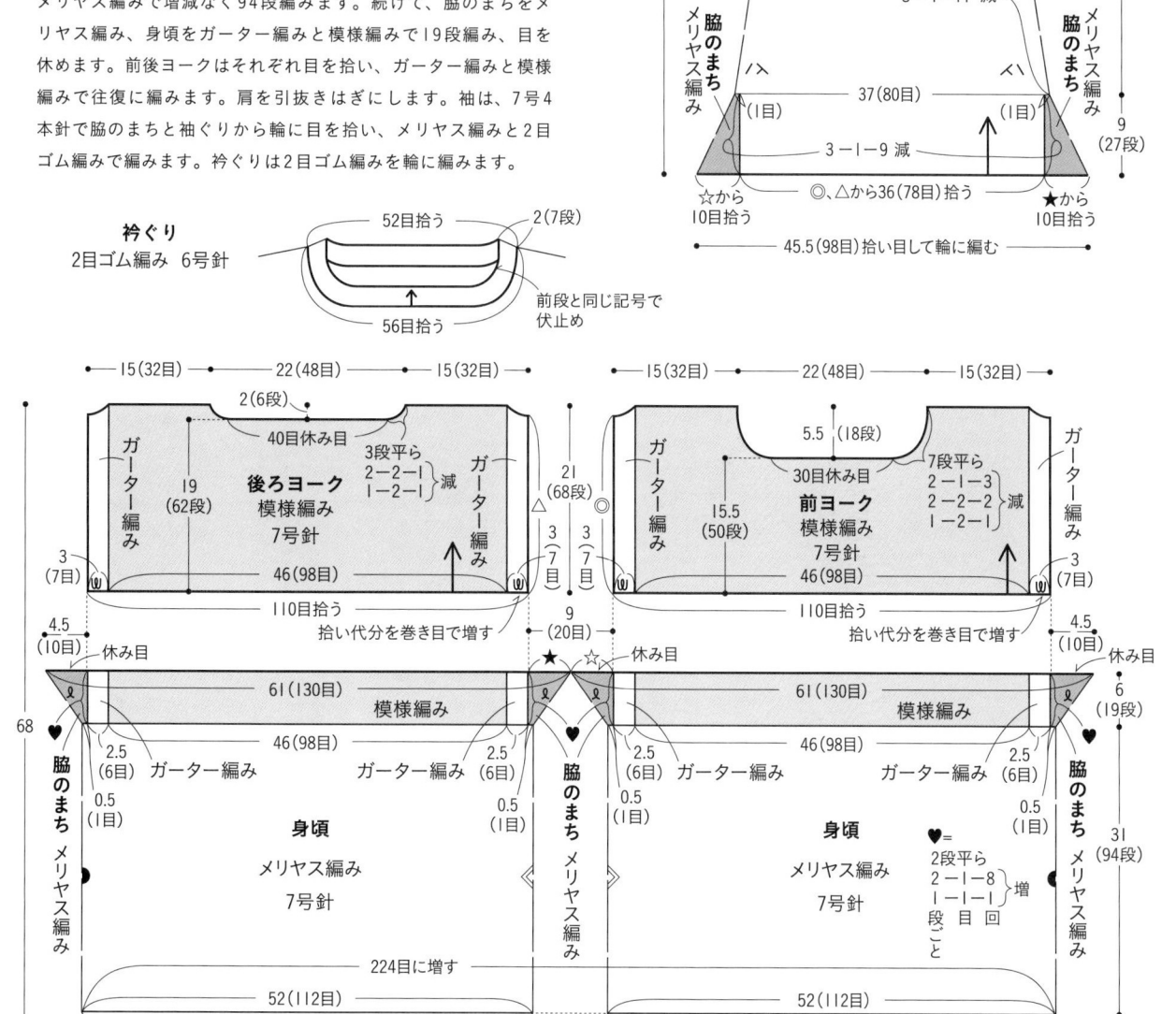

身頃と脇のまち、前後ヨークの編み方

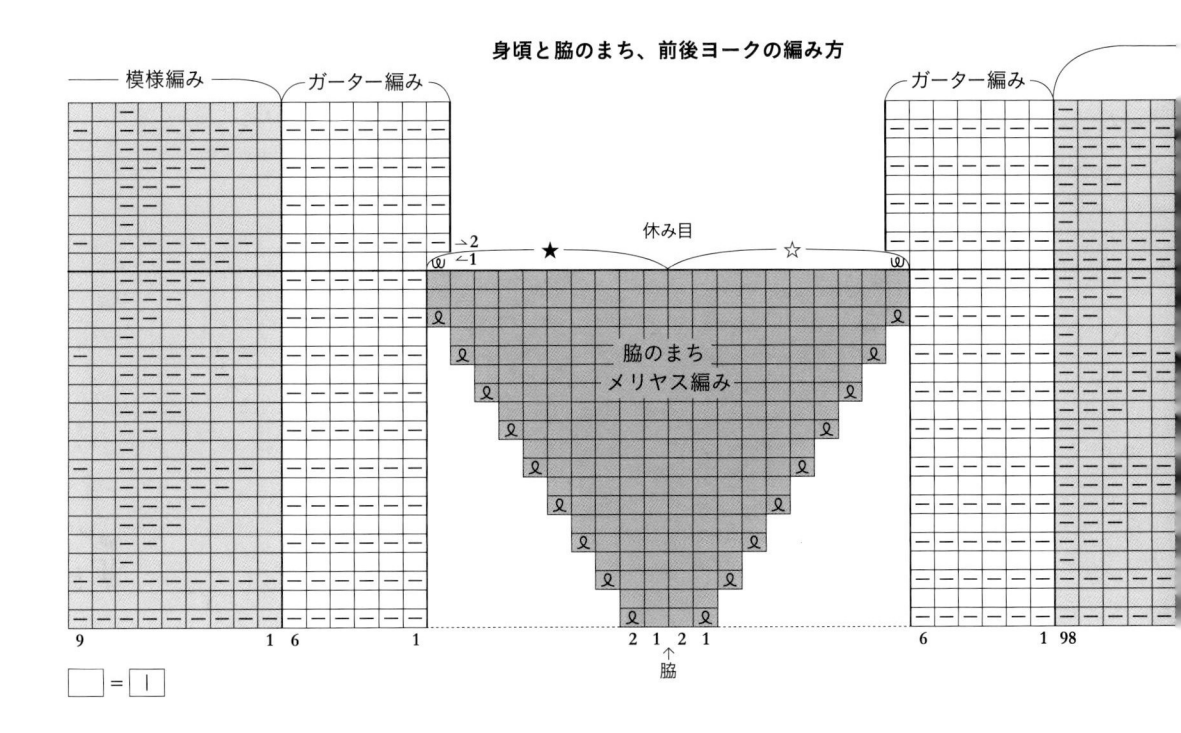

模様編み　ガーター編み　　　　　　　　　　　　　　　　ガーター編み

休み目　　脇のまち　メリヤス編み　　脇

後ろ衿ぐりの編み方

休み目　中央

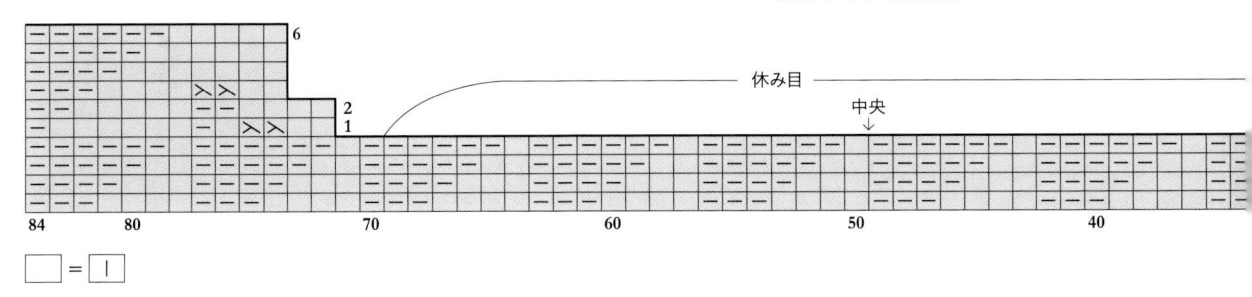

前衿ぐりの編み方

休み目　中央

□ = |

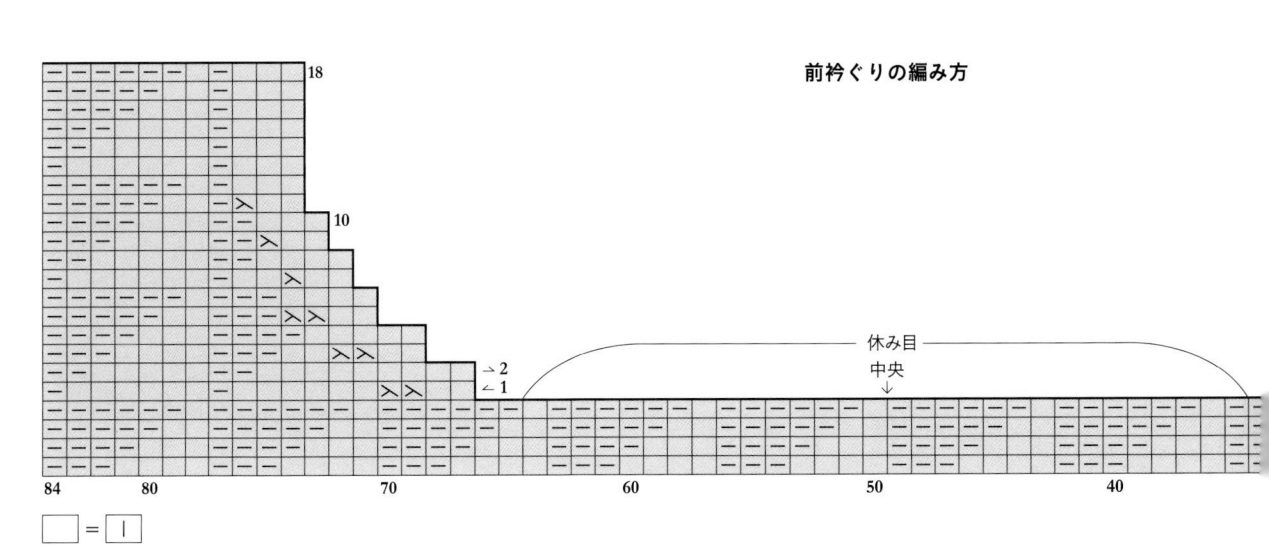

模様編み　　　　　　　　　　　　　7目6段一模様　　ガーター編み

ヨーク

脇のまち
メリヤス編み

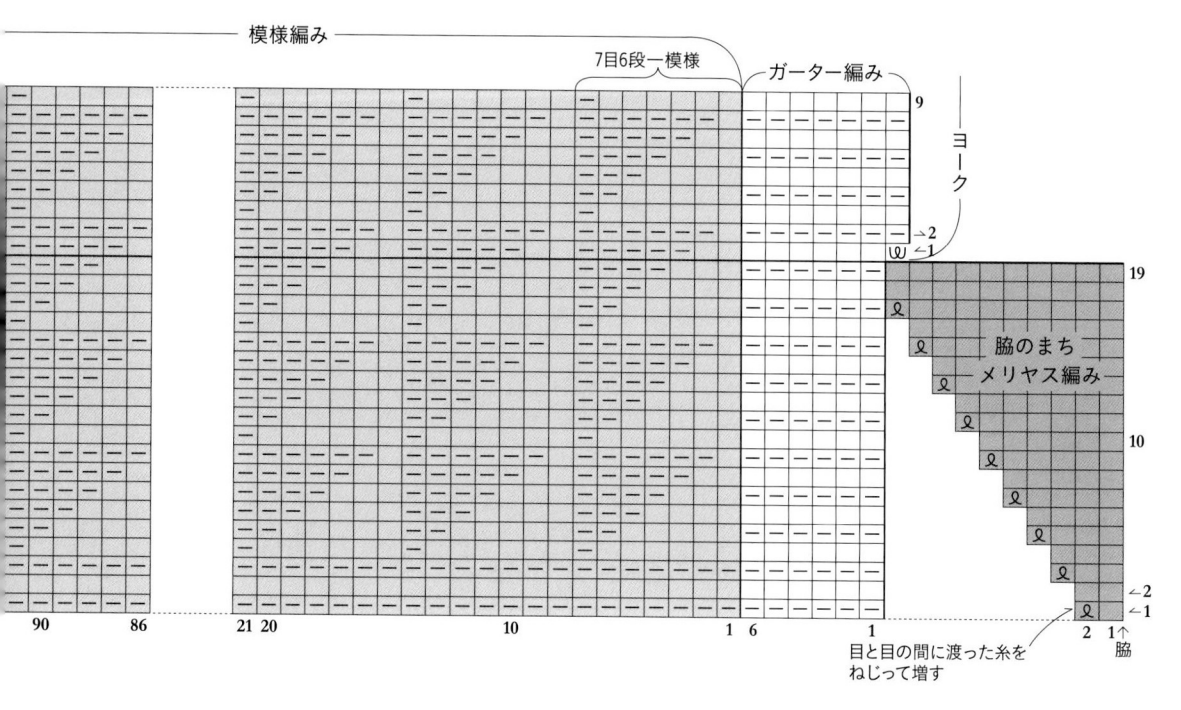

目と目の間に渡った糸を
ねじって増す

脇

袖と脇のまちの編み方

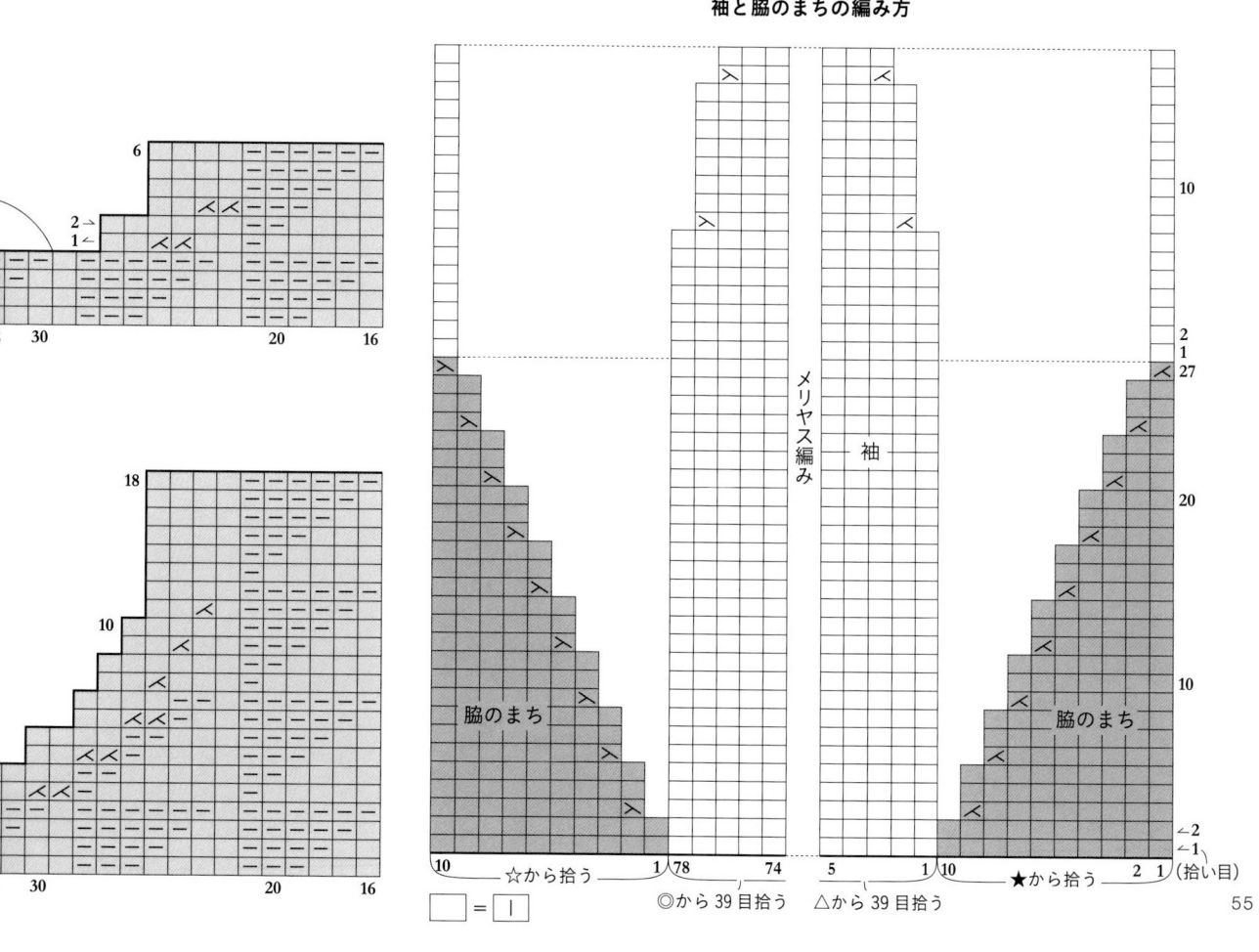

□ = │

脇のまち

☆から拾う　　◎から39目拾う　　△から39目拾う

メリヤス編み

袖

脇のまち

★から拾う　　（拾い目）

page14 キノコミトン

[糸] 　　ジェイミソンズ シェットランド スピンドリフト　濃紺（730/dark navy）35g
[用具] 　4号4本棒針　毛糸刺繡針
[その他] 　アップルトン クルウェルウール（刺繡用）
　　　　　からし色（311）、グリーン（434）、赤茶（479）、朱赤（501A）、水色（562）、青紫（895）、チャコールグレー（965）、
　　　　　白（991）各少々
[ゲージ] 　メリヤス編み　26目41段が10cm四方
[サイズ] 　てのひら回り19cm、長さ22.5cm
[編み方] 　糸は1本どりで編みます。

指に糸をかける方法で42目作り目して輪にし、変りかのこ編みで編みます。50目に増し、メリヤス編みを編みますが、親指穴（左右で位置を変える）の下側は別糸を通して目を休め、上側の目を作ります（p.90参照）。指先を図のように減らし、残った6目に糸を通して絞ります。別糸を抜いて目を拾い（p.90参照）、親指をメリヤス編みで編みます。甲側に刺繡（p.47参照）をします。

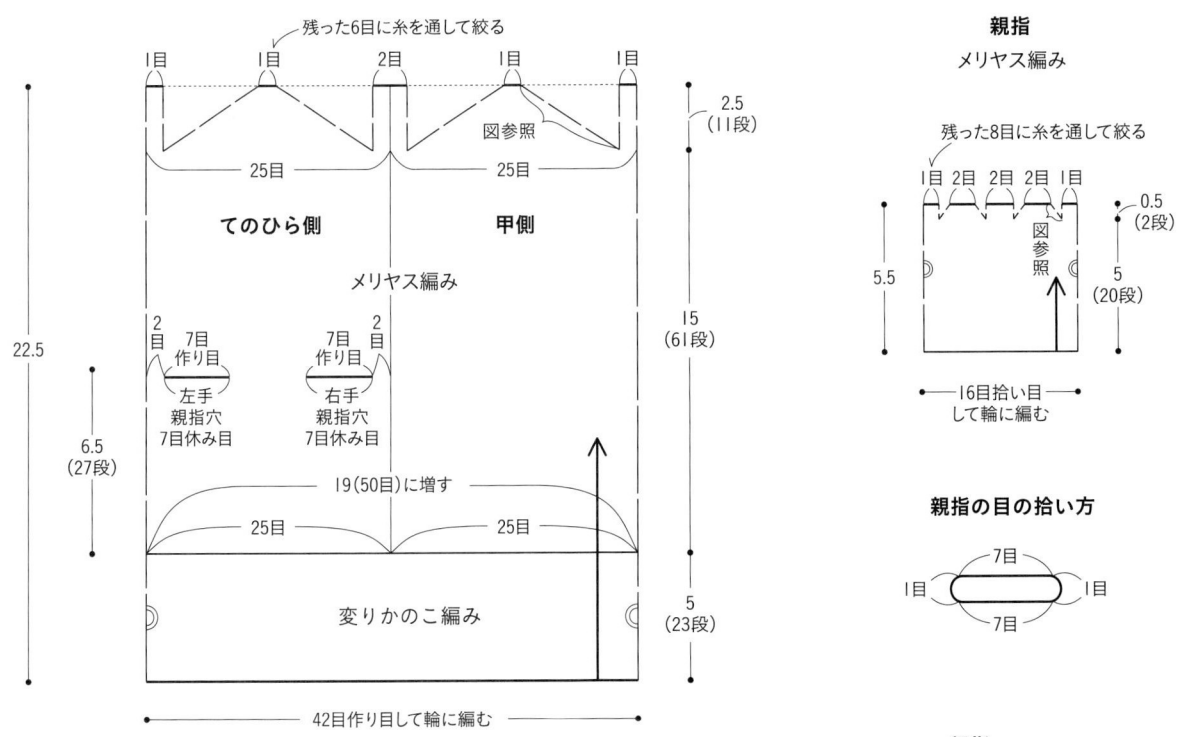

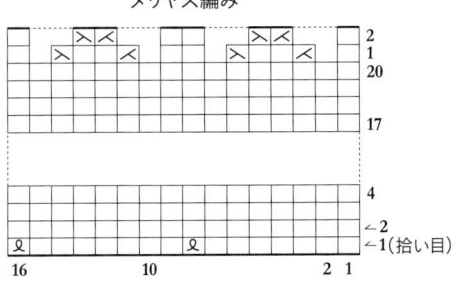

てのひら側　　　　　　　　　　甲側

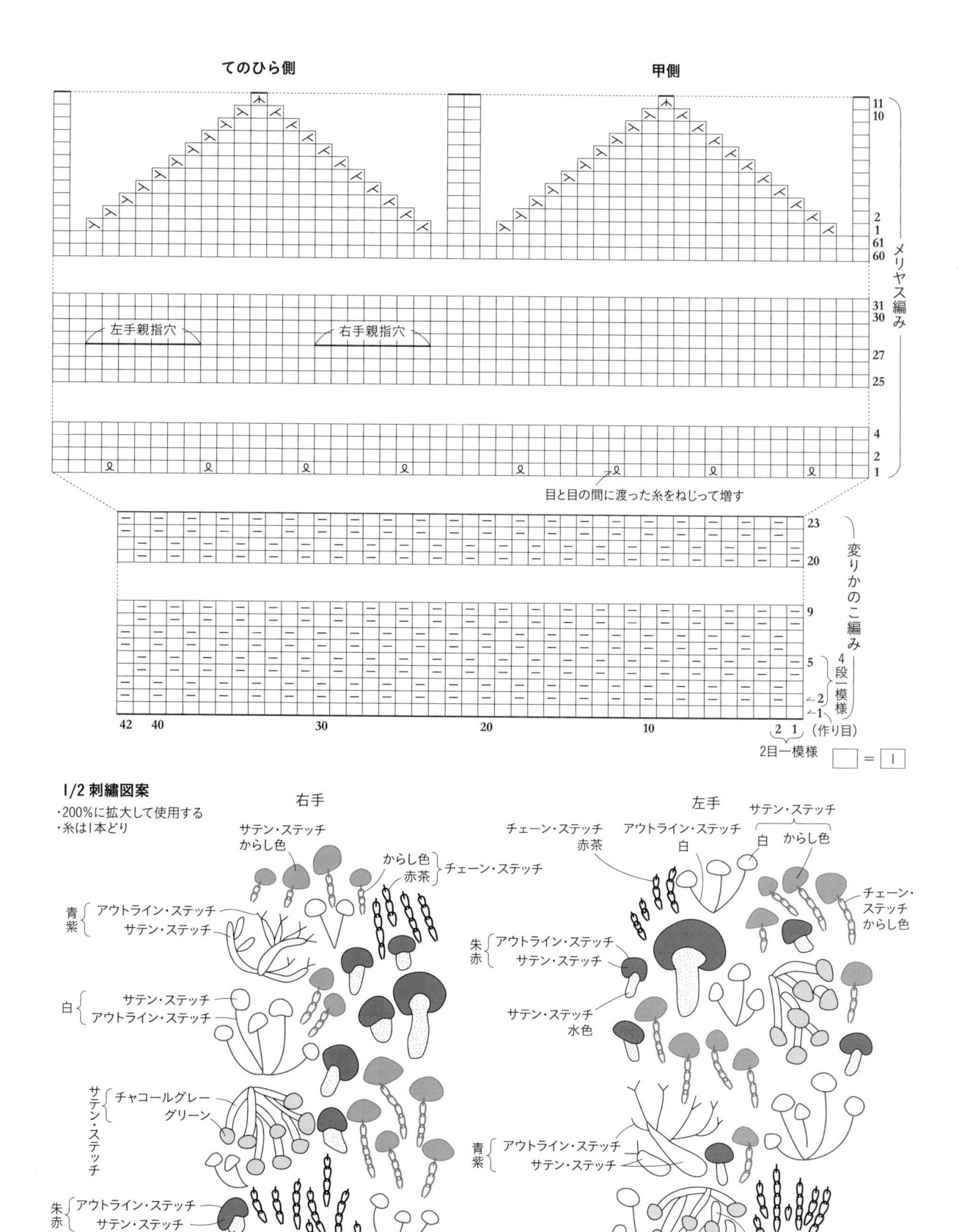

メリヤス編み

目と目の間に渡った糸をねじって増す

変りかのこ編み　4段一模様

2目一模様　□ = |

1/2 刺繍図案

・200％に拡大して使用する
・糸は1本どり

右手　　　　　　　　　　左手

サテン・ステッチ からし色
からし色 赤茶 チェーン・ステッチ
青紫 { アウトライン・ステッチ / サテン・ステッチ
白 { サテン・ステッチ / アウトライン・ステッチ
サテン・ステッチ { チャコールグレー / グリーン
朱赤 { アウトライン・ステッチ / サテン・ステッチ
サテン・ステッチ 水色

チェーン・ステッチ 赤茶
アウトライン・ステッチ 白
サテン・ステッチ からし色
チェーン・ステッチ からし色
朱赤 { アウトライン・ステッチ / サテン・ステッチ
サテン・ステッチ 水色
青紫 { アウトライン・ステッチ / サテン・ステッチ
チャコールグレー グリーン サテン・ステッチ

page15 波のセーター

- [糸]　　パピー シェットランド　紺（20）315g、オフホワイト（50）40g
- [用具]　7号、9号2本棒針、7号4本棒針
- [ゲージ]　メリヤス編み　20目25段が10cm四方
　　　　　模様編み　20目34段が10cm四方
- [サイズ]　胸回り110cm、着丈55.5cm、ゆき丈28.5cm
- [編み方]　糸は1本どりで、指定の配色で編みます。

身頃は、指に糸をかける方法で102目作り目し、7号針で2目ゴム編みを編みます。9号針に替えて104目に増し、メリヤス編み、模様編み（p.34「波のステッチ」参照）、2目ゴム編みで肩まで編み、目を休めます。同じものを2枚編み、肩を引抜きはぎにします。衿ぐりは輪で前段と同じ記号で伏止めにします。袖口は、7号針でガーター編みを編みます。脇と袖口下をすくいとじにします。

身頃
※同じものを2枚編む

袖口
ガーター編み
7号針　紺

ガーター編みの記号図

身頃の編み方

2目ゴム編み

模様編み

20段1模様

22目1模様

→p.34「波のステッチ」にプロセス写真解説あり

□ = 紺
■ = オフホワイト

page22 4色ボーダーの帽子

[糸] パピー シェットランド
紺（20）50g、グリーン（14）、
からし色（2）、ベージュ（7）各10g
[用具] 7号、12号4本棒針
[ゲージ] 模様編み　19.5目35段が10cm四方
メリヤス編み　19.5目が10cm、19段が9cm
[サイズ] 頭回り51cm、深さ27cm
[編み方] 糸は1本どりで、指定の配色で編みます。
指に糸をかける方法で100目作り目して輪にし、7号針で変りゴム編みを編みます。12号針に替え、模様編みで増減なく編み、続けて、トップをメリヤス編みで減らしながら編みます。残った5目に糸を1周して絞ります。

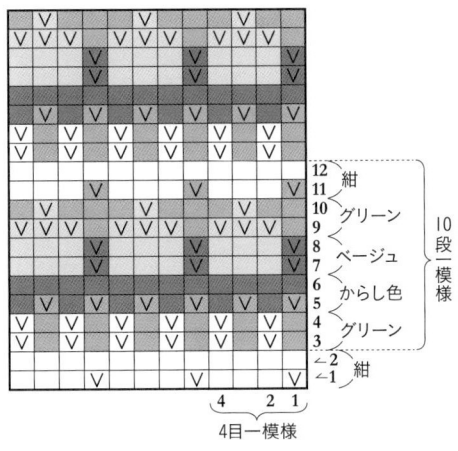

模様編みの記号図

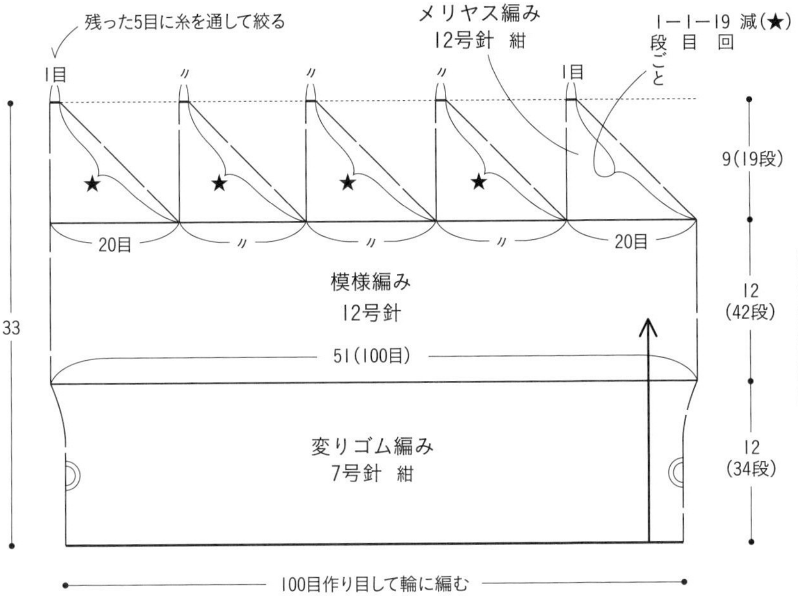

変りゴム編みの記号図

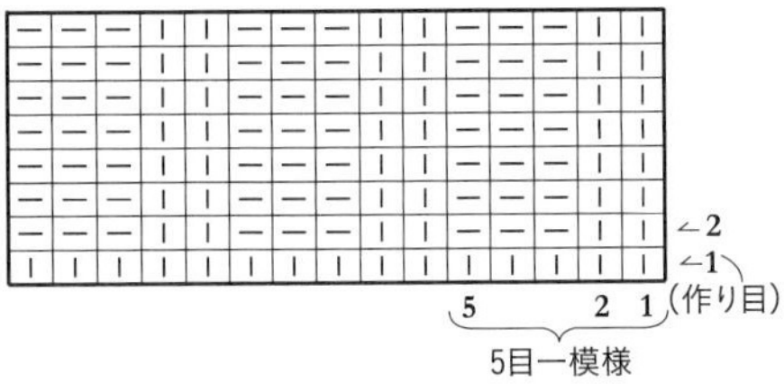

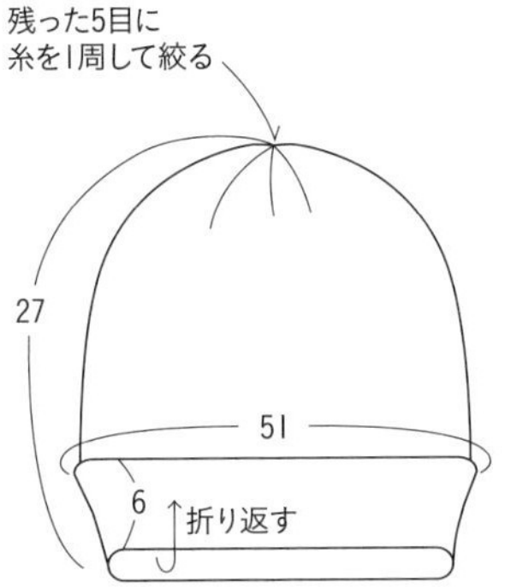

トップの減し方

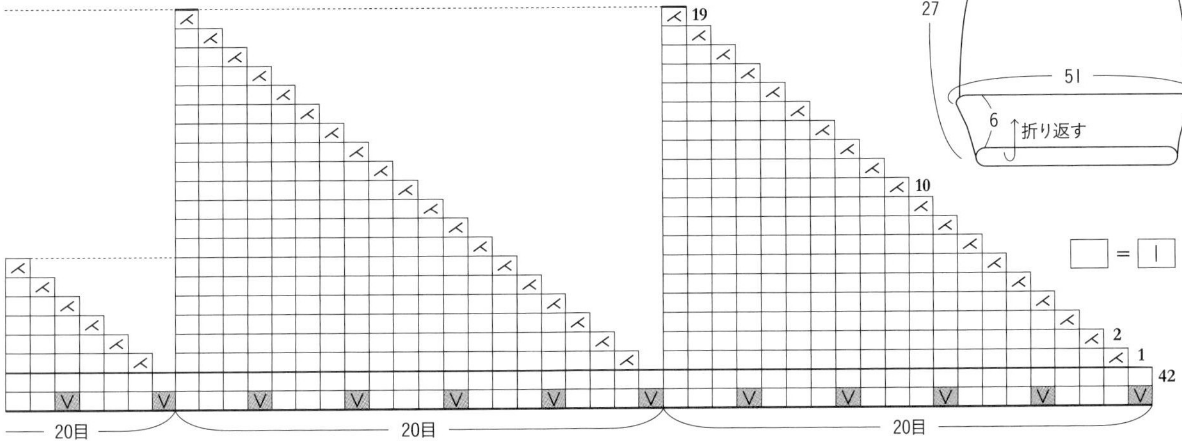

page 12 アランロングカーディガン

［糸］　パピー ブリティッシュエロイカ
　　　　れんが色（116）760g
［用具］　8号、10号2本棒針、8号輪針（80cm）
［その他］　直径1.6cmのボタン5個
［ゲージ］　模様編みA　21.5目25段が10cm四方
　　　　裏メリヤス編み　19目25段が10cm四方
［サイズ］　胸回り103cm、着丈65cm、ゆき丈64.5cm
［編み方］　糸は1本どりで編みます。

後ろは、指に糸をかける方法で97目作り目し、8号針で変りねじり1目ゴム編みを編み、10号針に替えて108目に増し、模様編みAを編みます。ポケット裏は同様に19目作り目し、裏メリヤス編みで編んで目を休めます。前は、後ろと同様に編んでポケット口で目を休め、ポケット裏を重ねて目を拾って編みます。袖は、同様に作り目し、変りねじり1目ゴム編み、裏メリヤス編みと模様編みBで編みます。袖の後ろ中央を引抜きはぎにし、図のように身頃につけ、脇と袖下をすくいとじにします。前立てと衿は8号輪針で拾い目し、右前にはボタン穴をあけながら変りねじり1目ゴム編みで往復に編みます。ポケット裏をまつりつけます。ボタンをつけます。

※左前は対称に編む

※左袖は対称に編む

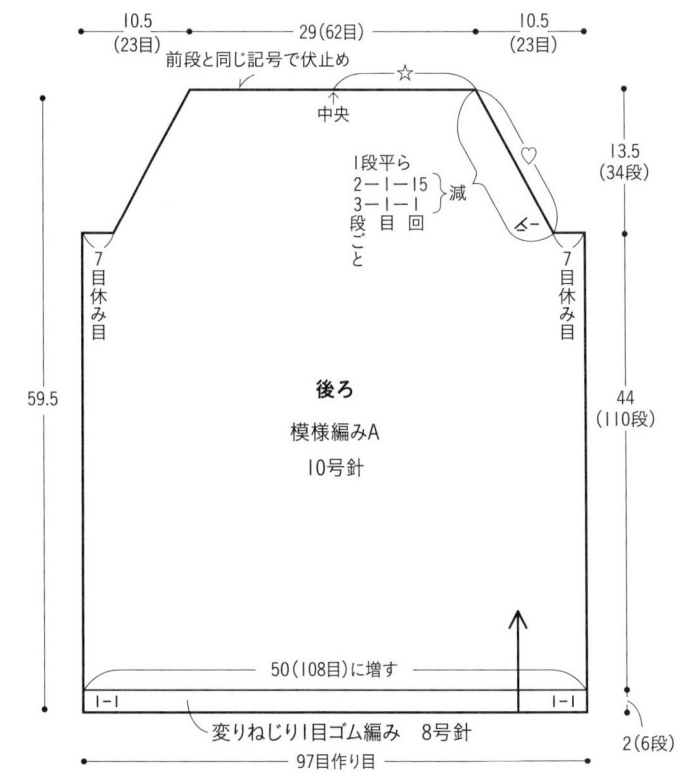

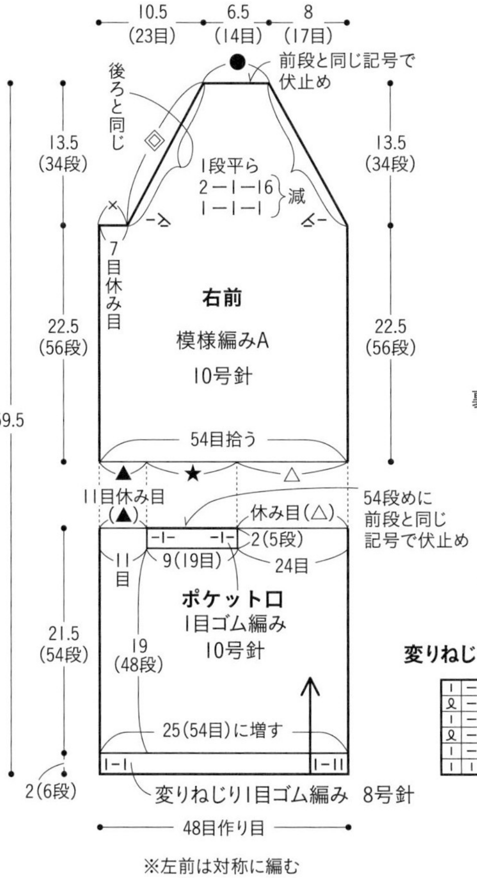

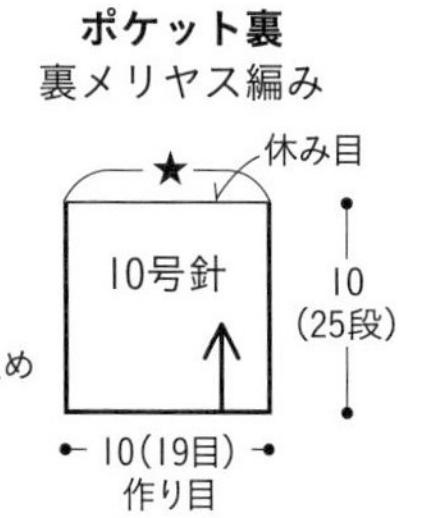

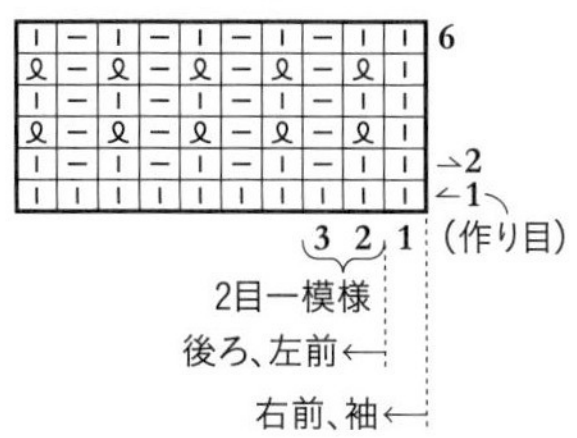

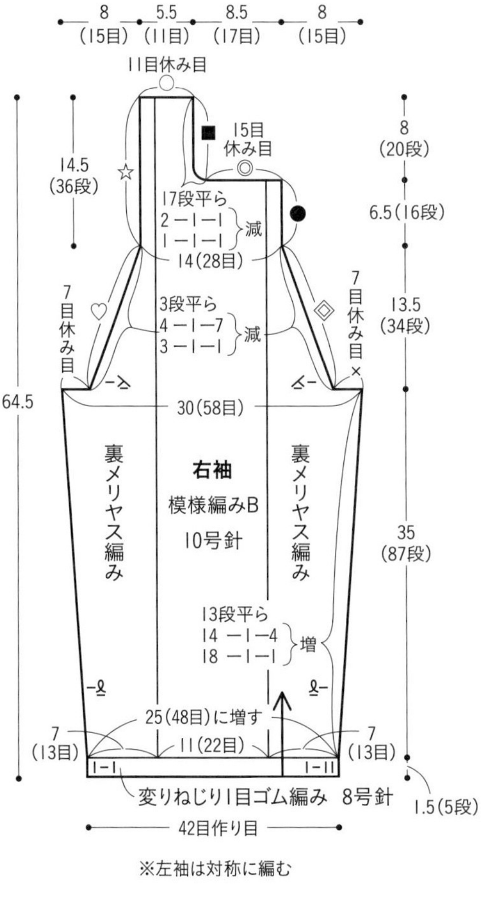

模様編みBの記号図

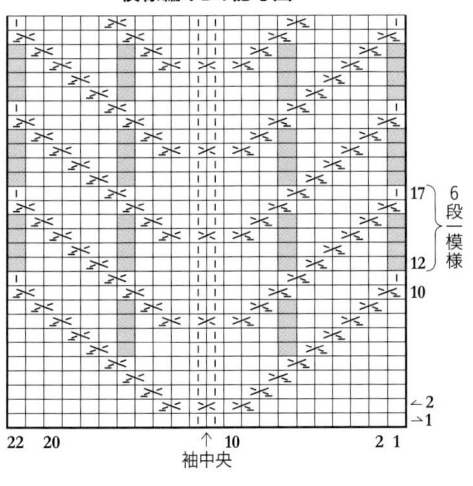

模様編みAの記号図

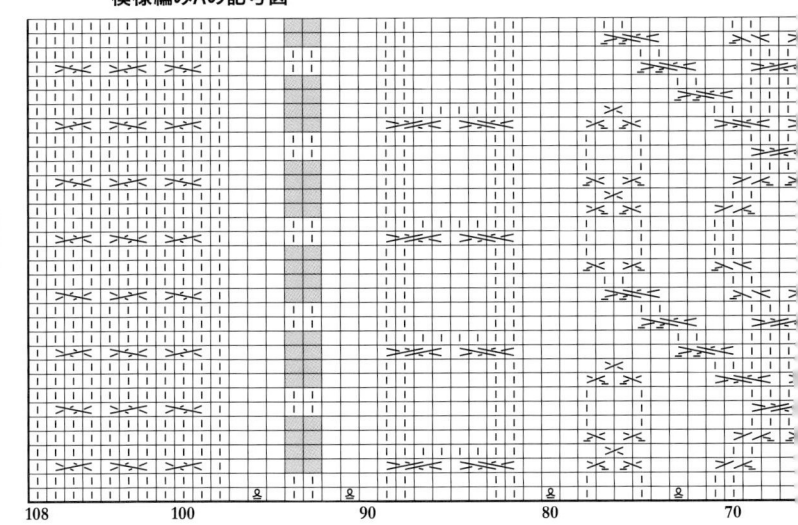

後ろラグラン線の減し方

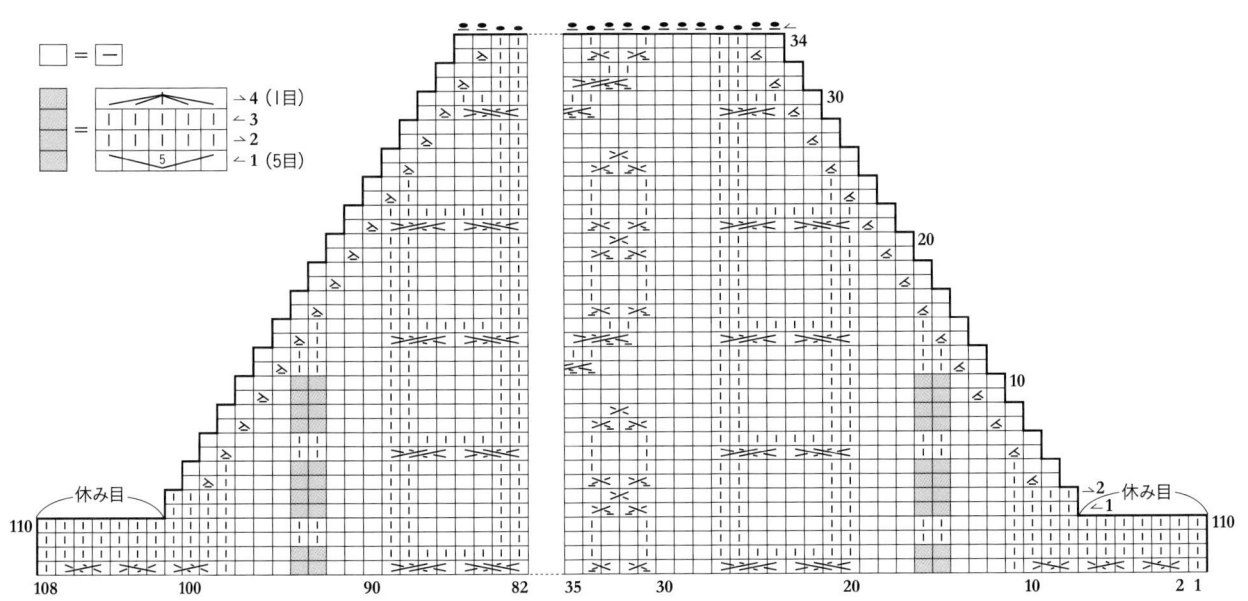

前立てと衿の編み方とボタン穴

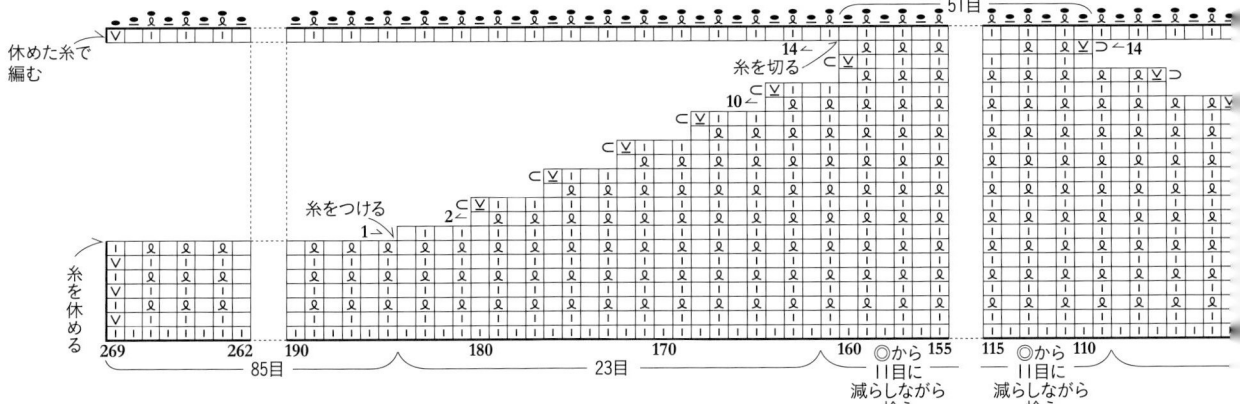

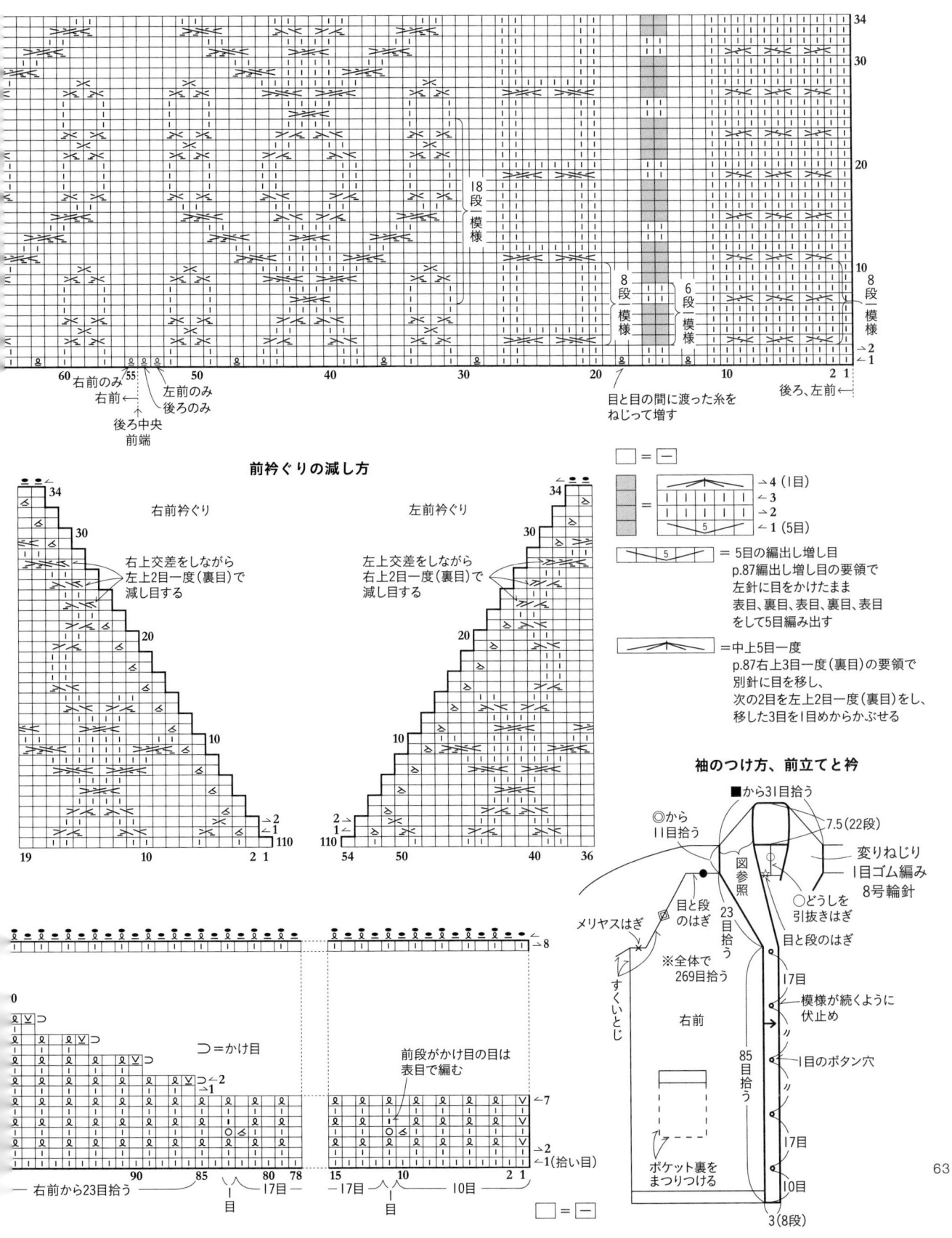

page24 赤マフラー

[糸]　　パピー シェットランド　赤（29）235g
[用具]　　11号2本棒針
[ゲージ]　1目ゴム編み　25目23段が10cm四方　模様編み　19目21.5段が10cm四方
[サイズ]　幅29cm、長さ193cm
[編み方]　糸は1本どりで編みます。

指に糸をかける方法で55目作り目し、1目ゴム編みを30段編みます。続けて、模様編み（p.36「れんこんのステッチ」参照）を360段編みます。1目ゴム編みを30段編み、編終りは1目ゴム編み止めをします。仕上げに、アイロン台に裏にして広げてピンを打ち、スチームアイロンを当てて整え、冷めるまで放置します。

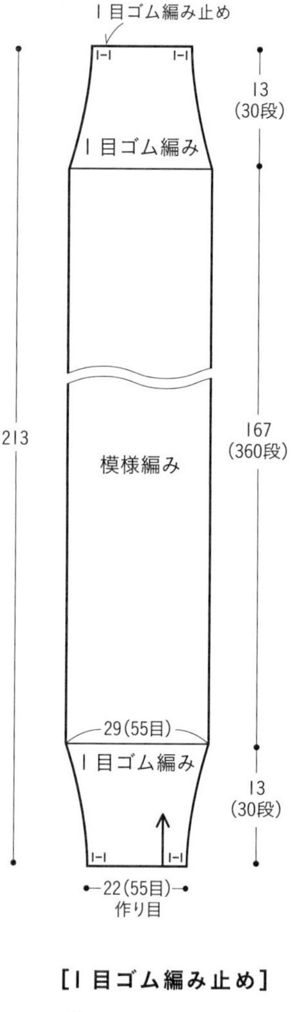

1目ゴム編み、模様編みの記号図

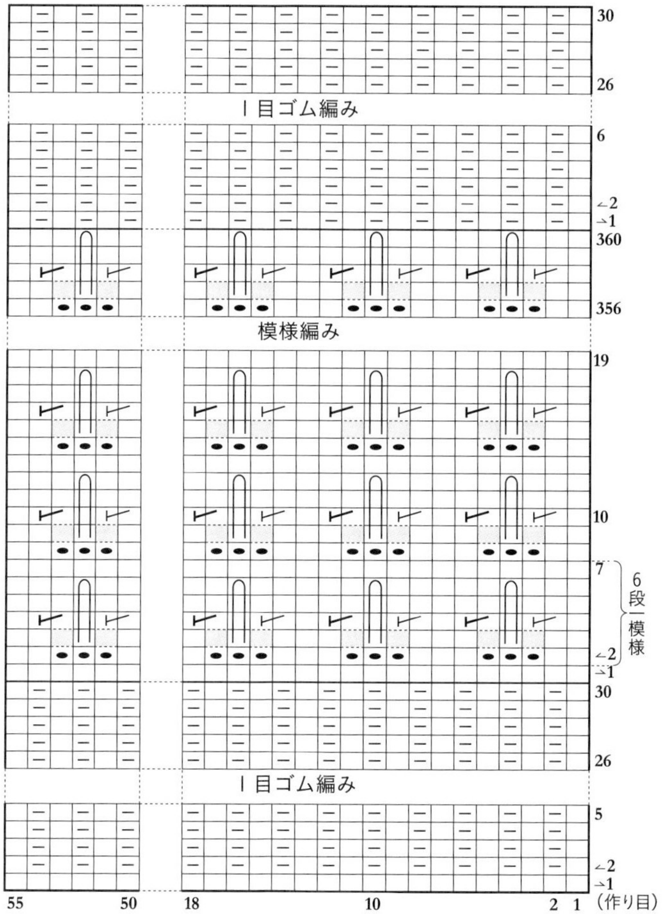

→p.36「れんこんのステッチ」にプロセス写真解説あり

[1目ゴム編み止め]

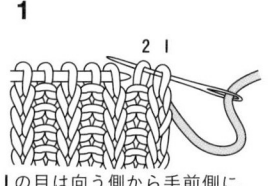

1　1の目は向う側から手前側に、2の目は手前側から向う側に針を入れて糸を引く

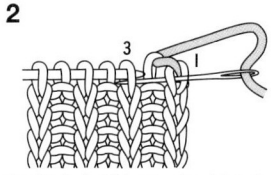

2　2の目をとばして、1の目と3の目（表目どうし）に図のように針を入れる

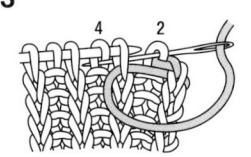

3　3の目をとばして2の目と4の目（裏目どうし）に針を入れる

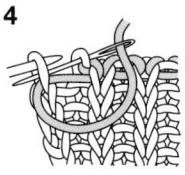

4　2、3を繰り返し、裏目と最後の目に図のように針を入れる

page16 すずらんのショール

[糸] オステルヨートランド ヴィシュ ライトグレー(3) 270g
[用具] 8号輪針(80cm) ※輪針で往復編みをする
[ゲージ] 模様編みA、B、B' 19目26段が10cm四方　模様編みD 19目27段が10cm四方
[サイズ] 幅170cm、長さ約85cm
[編み方] 糸は1本どりで編みます。

指に糸をかける方法で459目作り目し、模様編みA、B、B'、C、Dを、図のように中央と左右の4か所で減らしながら輪針で往復に161段編みます。編終りの7目を3目と4目で突合せにして引抜きはぎをします。仕上げに、カーペットやマットレスなどの上にバスタオルを敷いてショールを裏にして広げ、でき上り寸法に合わせてピンを打ち、スチームアイロンを当てて整え、冷めるまで放置します。

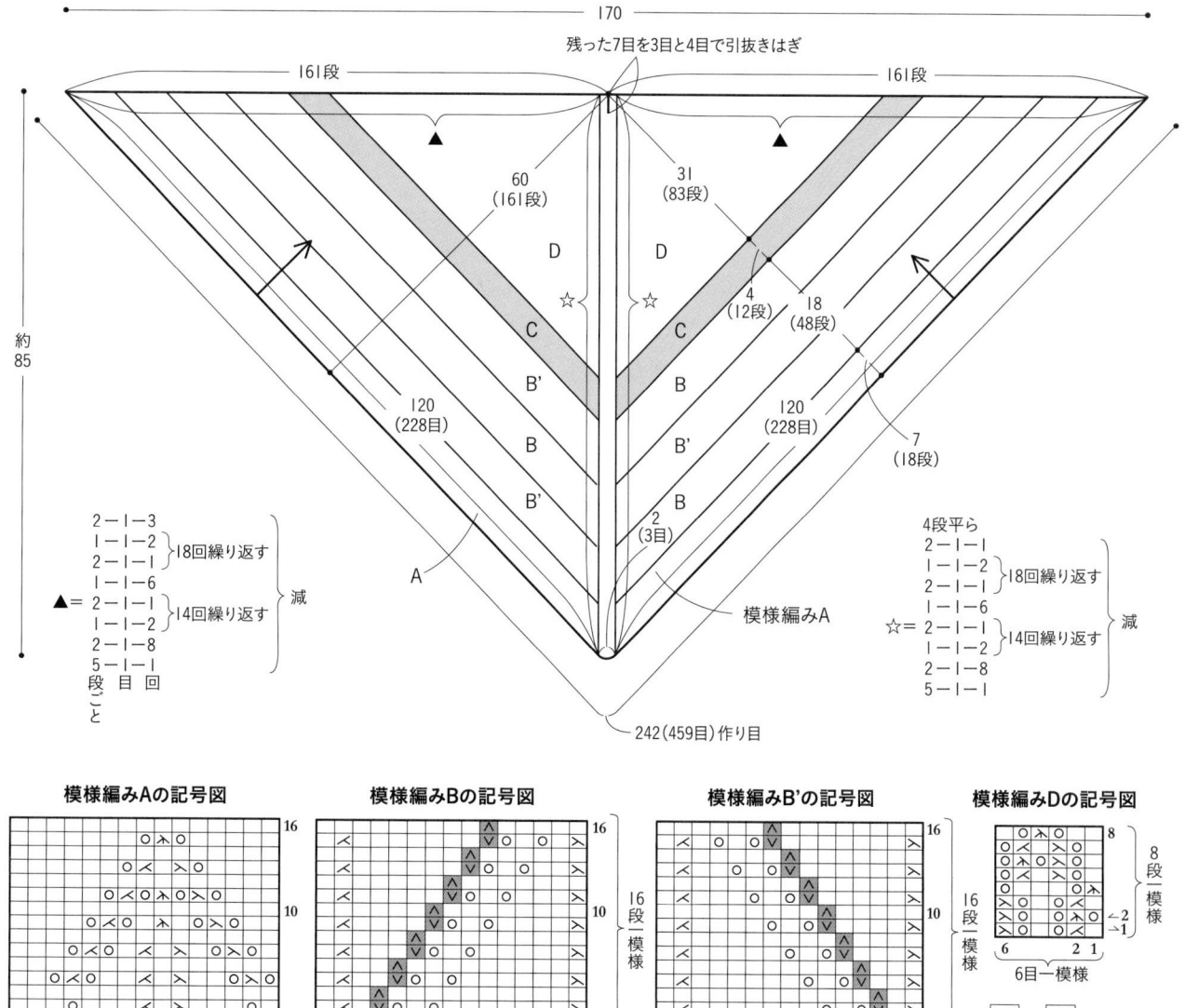

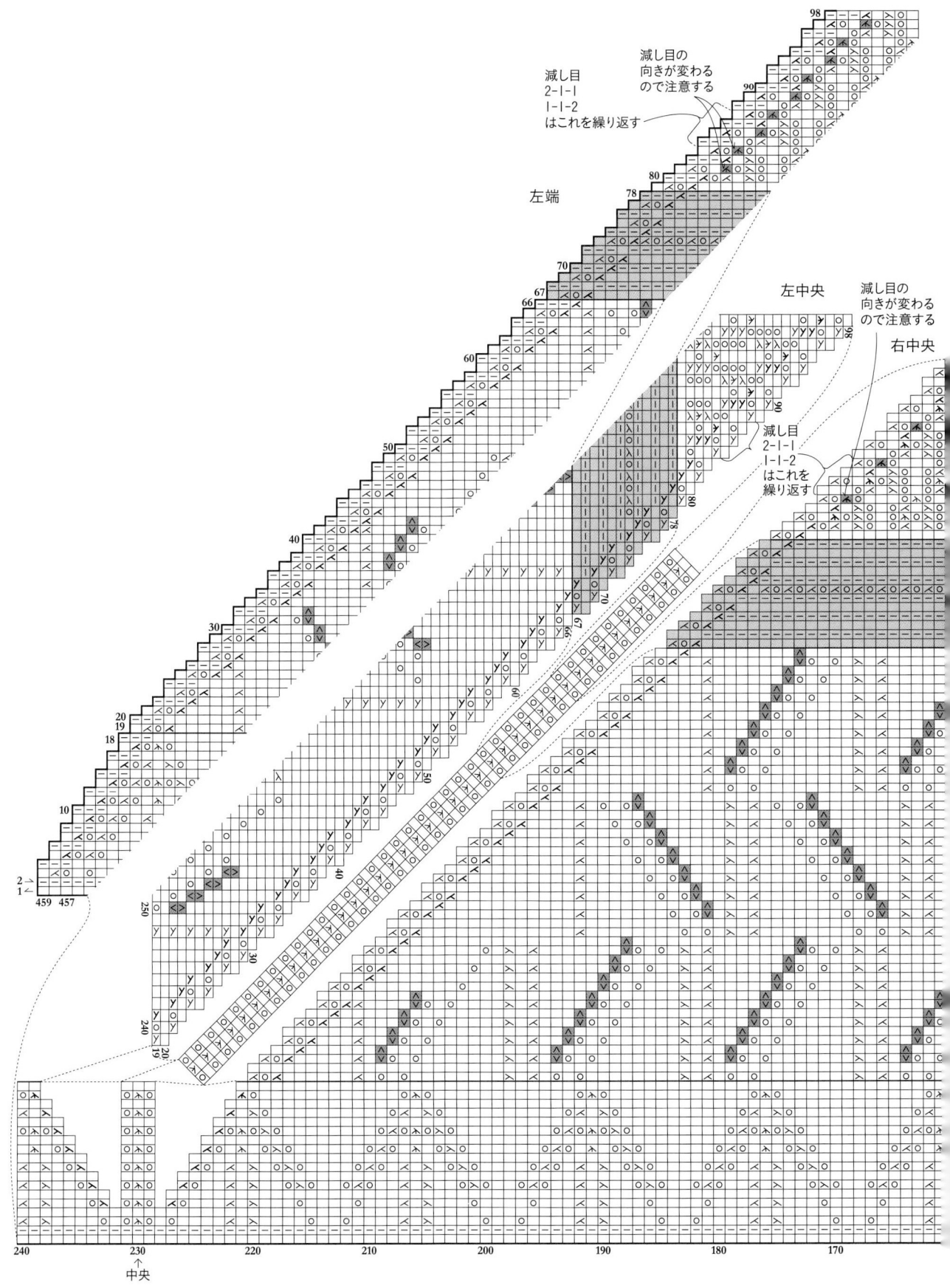

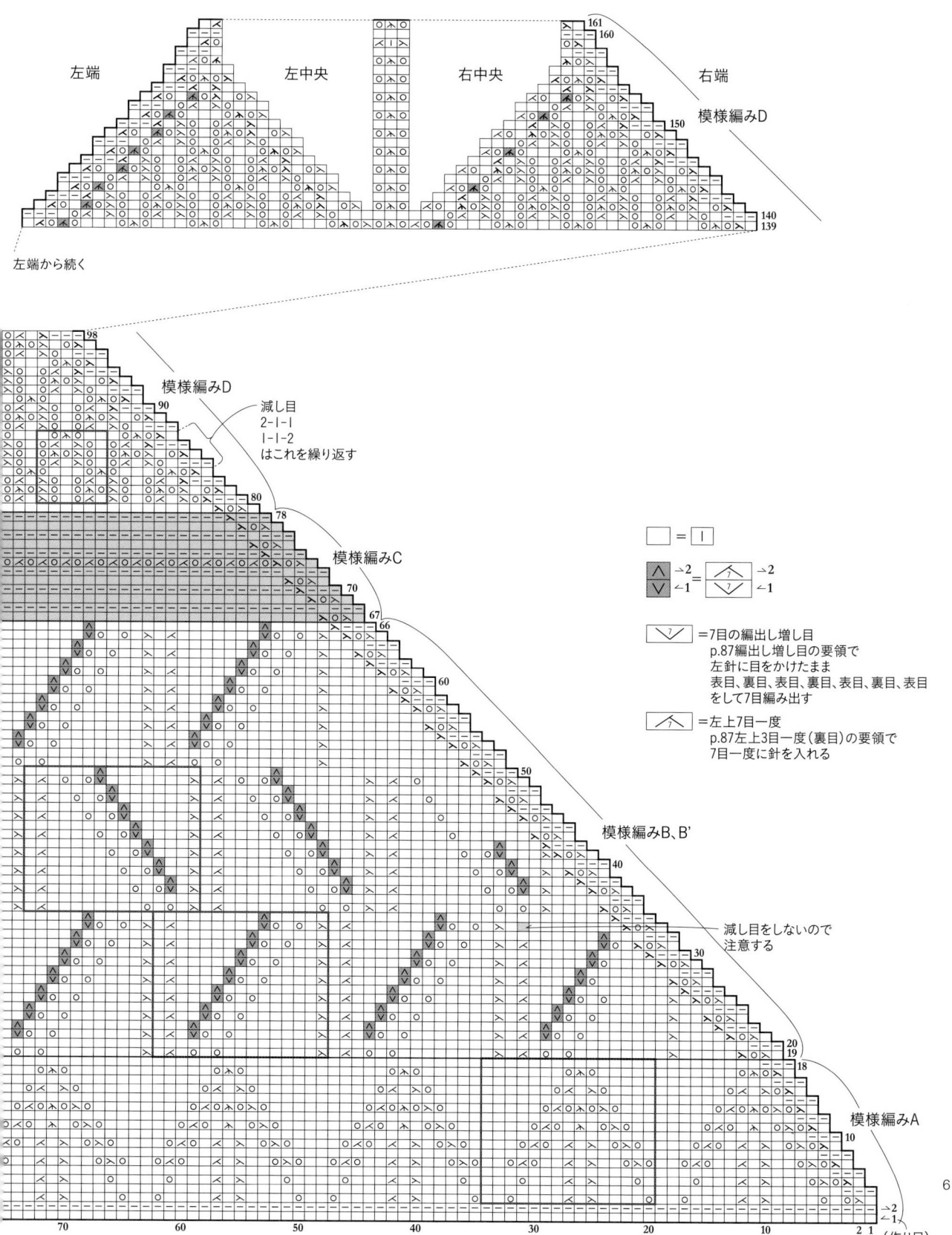

page25 青マフラー

［糸］　　パピー シェットランド　ロイヤルブルー（53）280g
［用具］　10号2本棒針
［ゲージ］模様編み　15.5目が10cm、2模様（16段）が7.5cm
［サイズ］幅43cm、長さ166cm
［編み方］糸は1本どりで編みます。

指に糸をかける方法で66目作り目し、模様編み（p.36「海のあぶくのステッチ」参照）を354段編みます。編終りは裏を見ながら表目で伏止めをします。仕上げに、アイロン台に裏にして広げてピンを打ち、スチームアイロンを当てて整え、冷めるまで放置します。

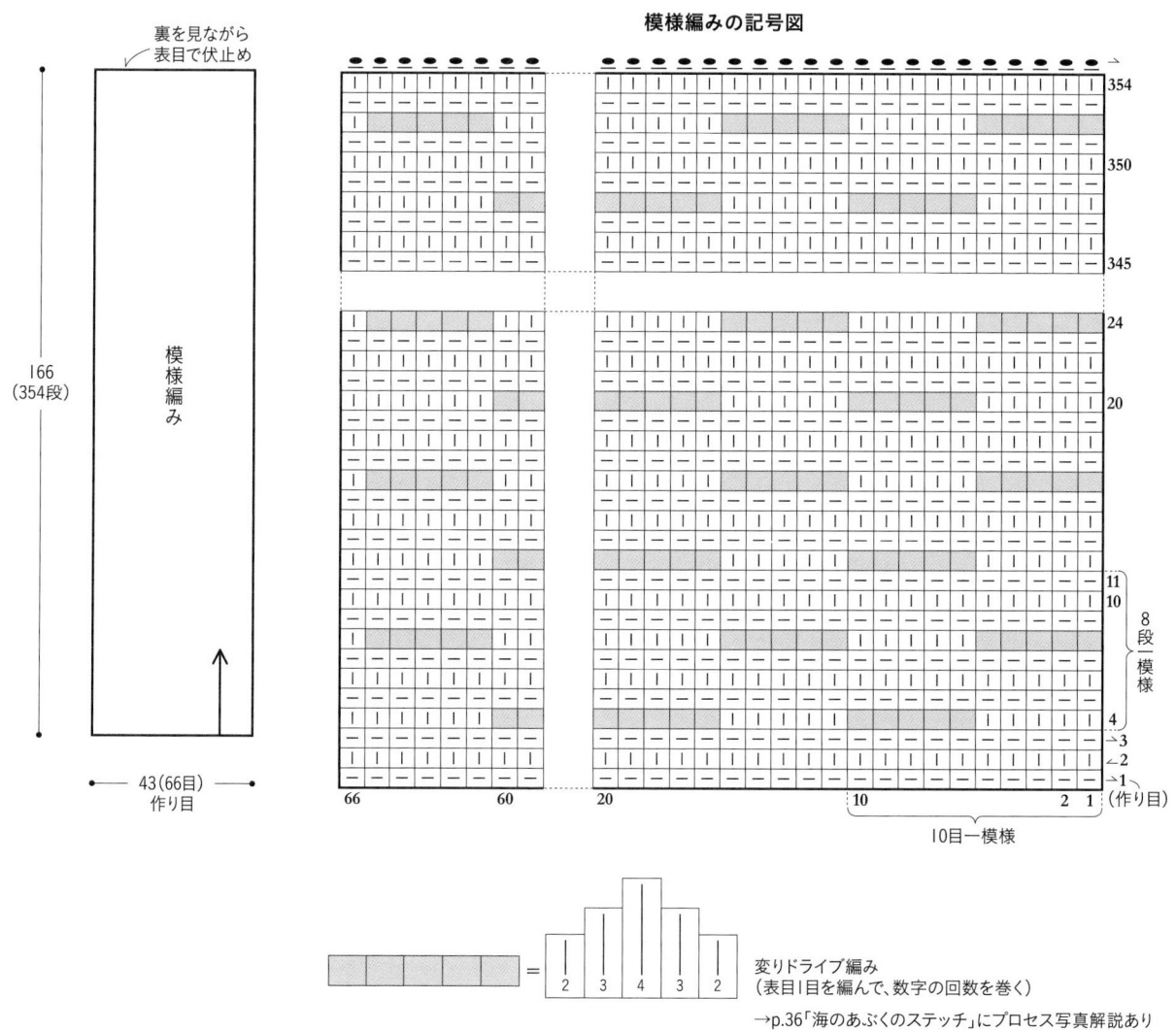

page18 鳥とザクロのカーディガン

［糸］　　ジェイミソンズ シェットランド スピンドリフト
　　　　濃紺（730/dark navy）225g、
　　　　オフホワイト（104/natural white）80g
［用具］　2号、4号輪針（80cm）、2号、4号4本棒針
［その他］　直径1.6cmのボタン6個
［ゲージ］　メリヤス編みの編込み模様　29目32段が10cm四方
　　　　　メリヤス編み　27目36段が10cm四方
［サイズ］　胸回り97cm、着丈56cm、袖丈57cm
［編み方］　糸は1本どりで、指定の配色で編みます。

前後身頃は指に糸をかける方法で248目作り目し、2号輪針で2目ゴム編みを往復に編みます。4号輪針に替え、右前中心のスティークを巻き目で6目作り目し（p.90参照）、メリヤス編みの編込み模様を274目編み、左前中心のスティークを6目作り目して輪にし96段編みます。両脇を休み目にし、脇のスティークを作り目し、袖ぐりを減らしながら輪に編みますが、25段めの始めに右前中心のスティークを伏せ目にし、終りに左前中心のスティークを伏せ目にします。右前衿ぐりのスティークを作り目して左前まで編み、左前衿ぐりのスティークを作り目して輪にし、前衿ぐりを減らしながら編みます。後ろ衿ぐりは図のように休み目とスティークの作り目をして減らしながら輪に編みます。肩を引抜きはぎにします。前中心と前後衿ぐりのスティークを切り開き、衿ぐりを2目ゴム編みで編みます。前立ては、指に糸をかける方法で13目作り目して2号針で1目ゴム編みを編みますが、右前にはボタン穴をあけます。身頃に前立てをすくいとじでつけます。袖は、脇のスティークを切り開き、袖ぐりから84目拾い、メリヤス編みで引き返しながら往復に66段編み、休み目14目を拾って減らしながら輪に編み、続けて2目ゴム編みを編みます。スティークを始末します。ボタンをつけます。

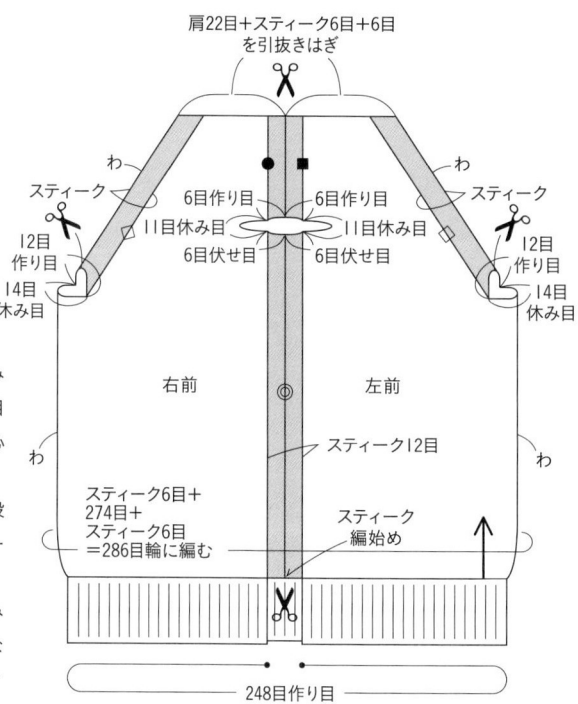

※「フェアアイルニットのポイントレッスン」
（スティークを切る、衿ぐりの目を拾う、スティークの始末をする）は、p.37参照

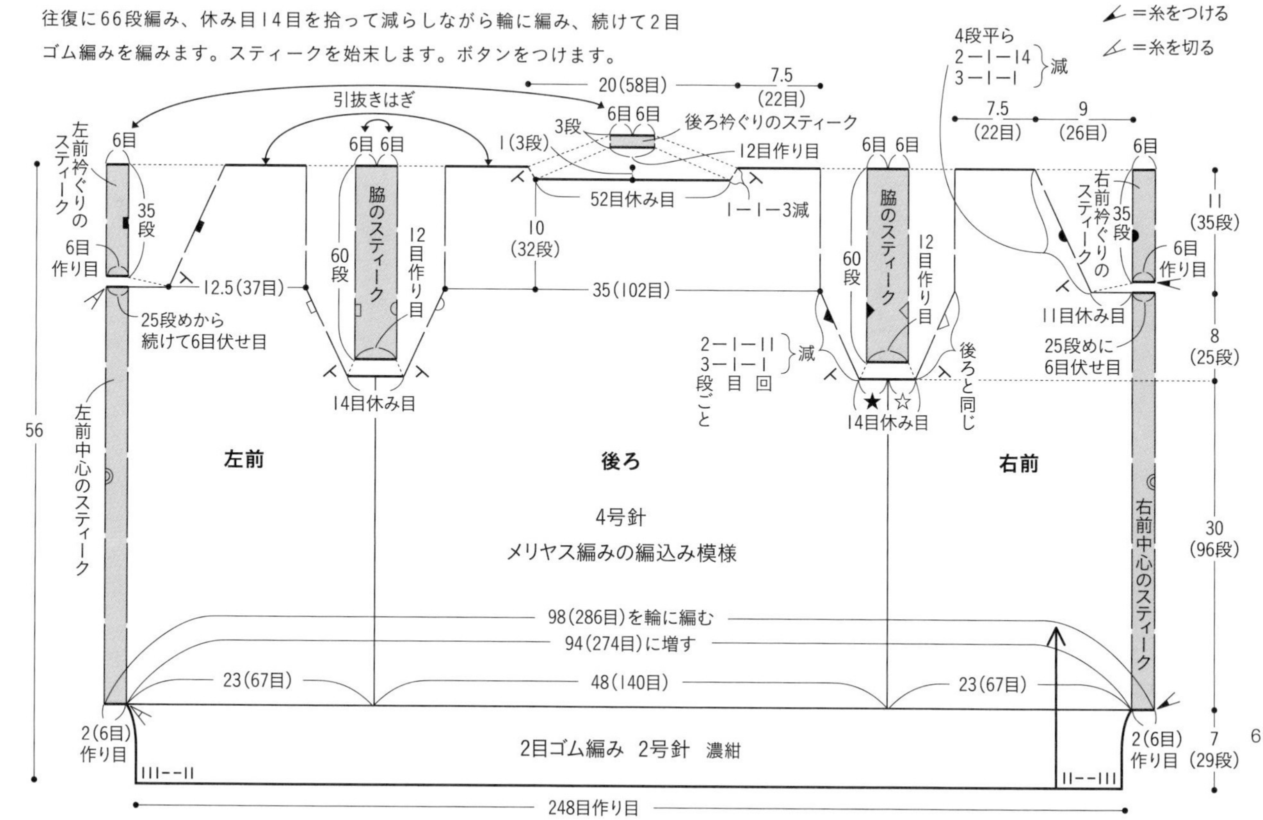

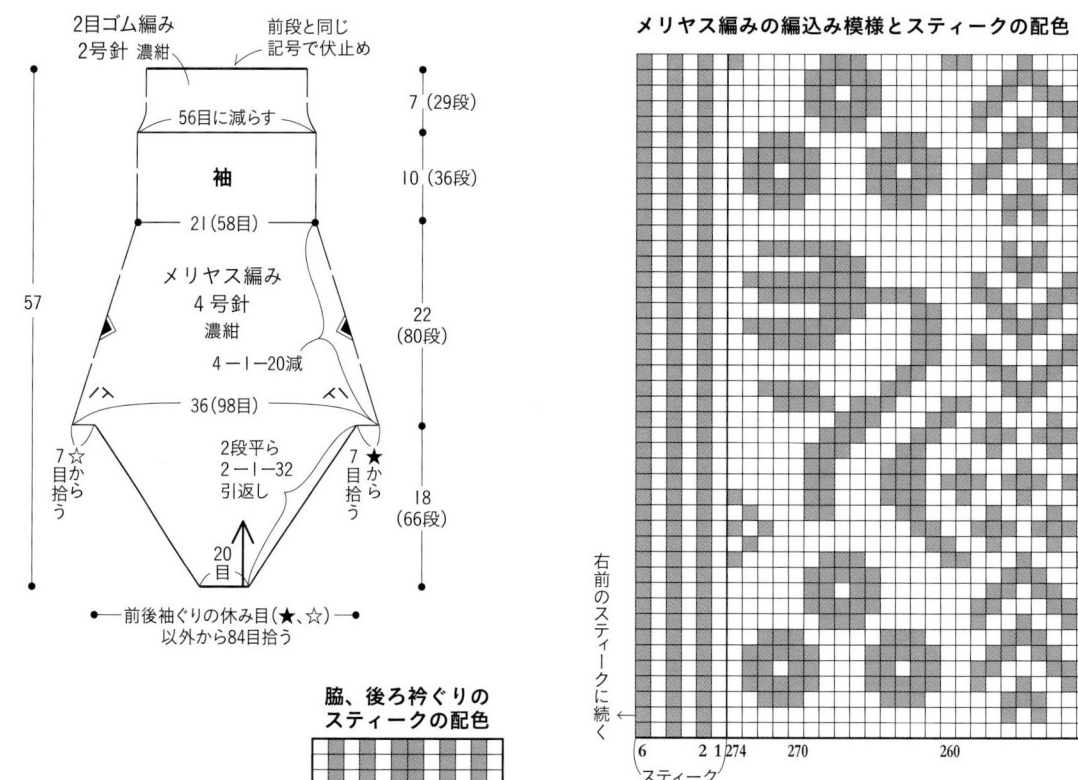

メリヤス編みの編込み模様とスティークの配色

脇、後ろ衿ぐりのスティークの配色

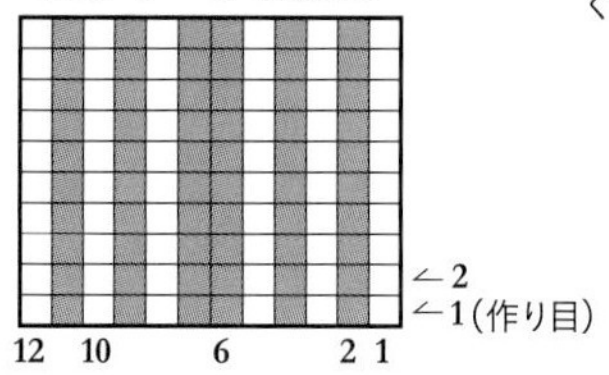

袖の編み方

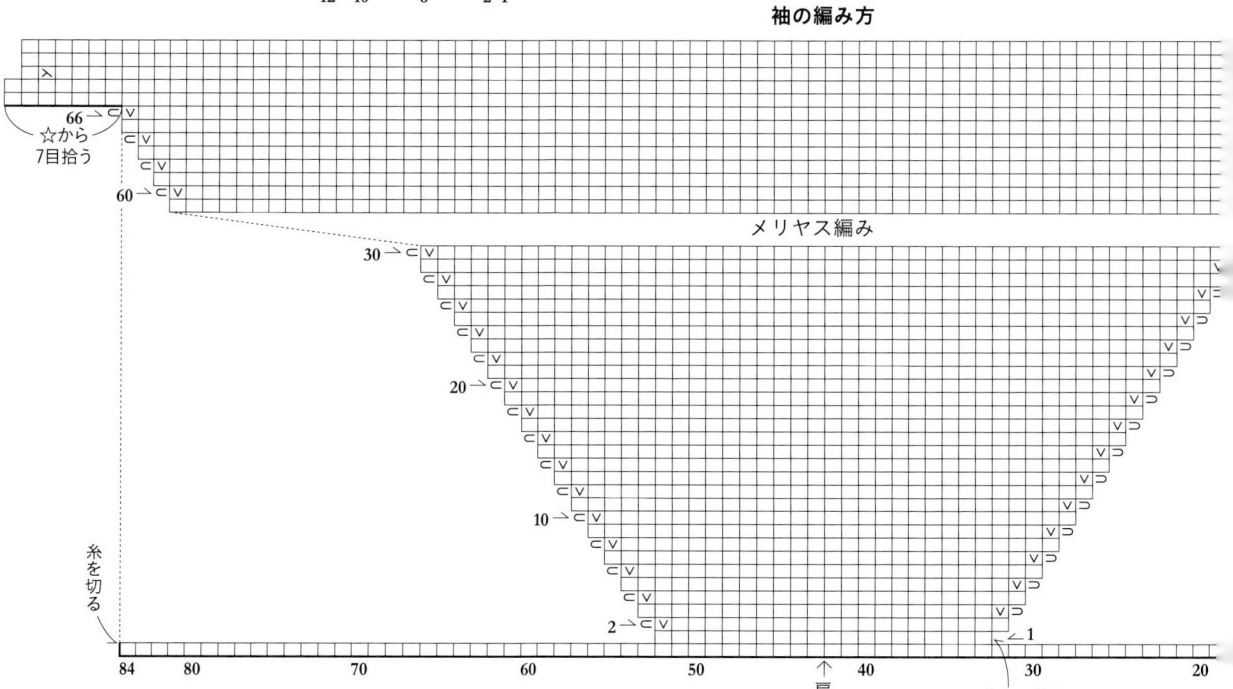

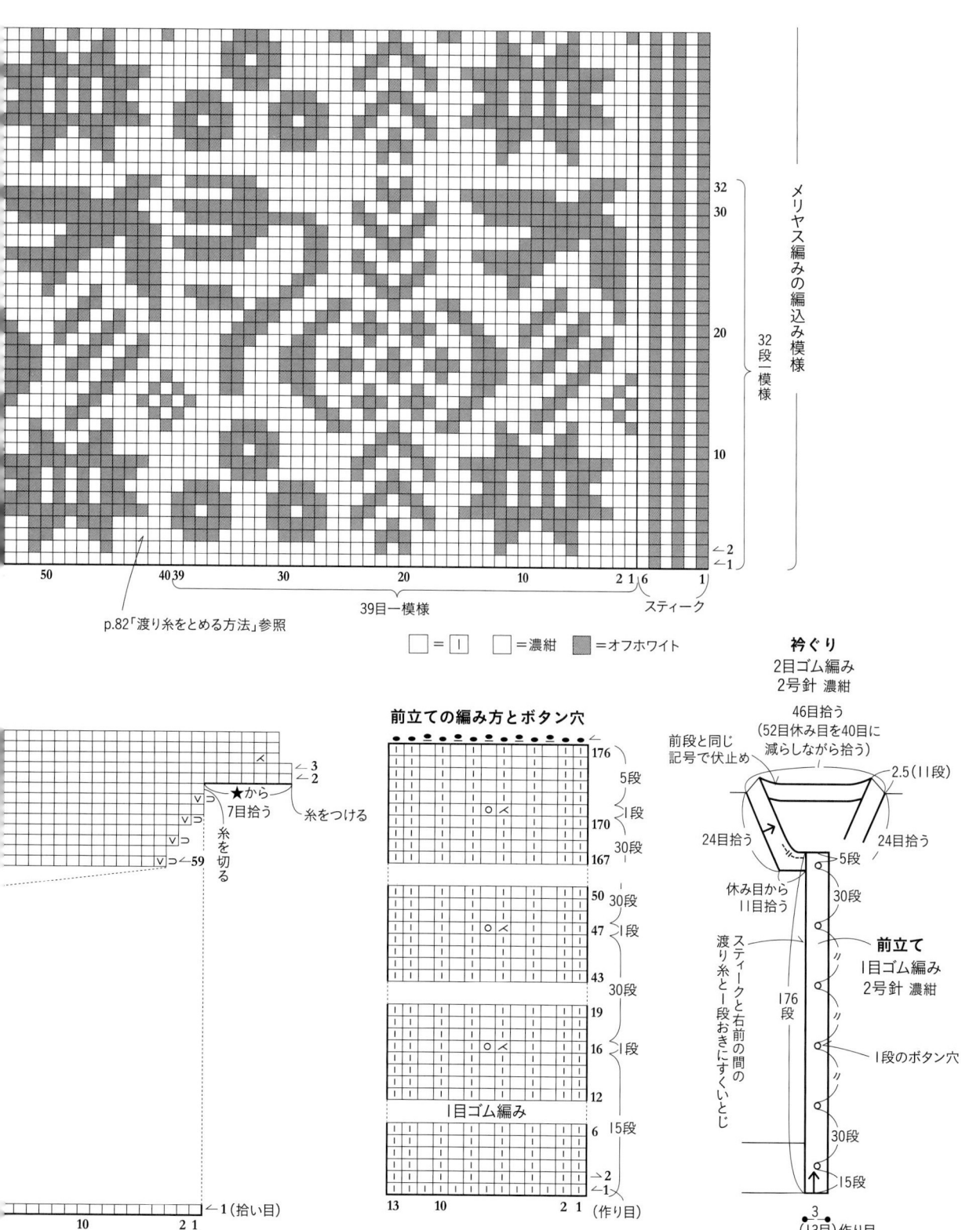

page20 ループカーディガン

[糸] ハマナカ エトフ ライトグレー（2）460g
[用具] 10号2本棒針
[その他] 直径1.3cmのボタン6個 手縫い糸
[ゲージ] 模様編み 17.5目25段が10cm四方
[サイズ] 胸回り99.5cm、着丈56cm、ゆき丈64cm
[編み方] 糸は1本どりで編みます。

前後身頃、袖は、それぞれ指に糸をかける方法で作り目し、ガーター編みを15段編みます。続けて、模様編み（p.35「リング編み」参照）で編みますが、リングが端まで入るように増減目の部分はできるだけ2目めからリングを入れて編みます（p.73図参照）。肩を引抜きはぎにし、衿ぐりにガーター編みを編みます。前立ては、拾い目してガーター編みで編みますが、右前にはボタン穴をあけます。袖を目と段のはぎでつけ、脇と袖下をすくいとじにします。肩のはぎ目にリングを刺繍して埋めます。ボタンホール・ステッチをし、ボタンをつけます。

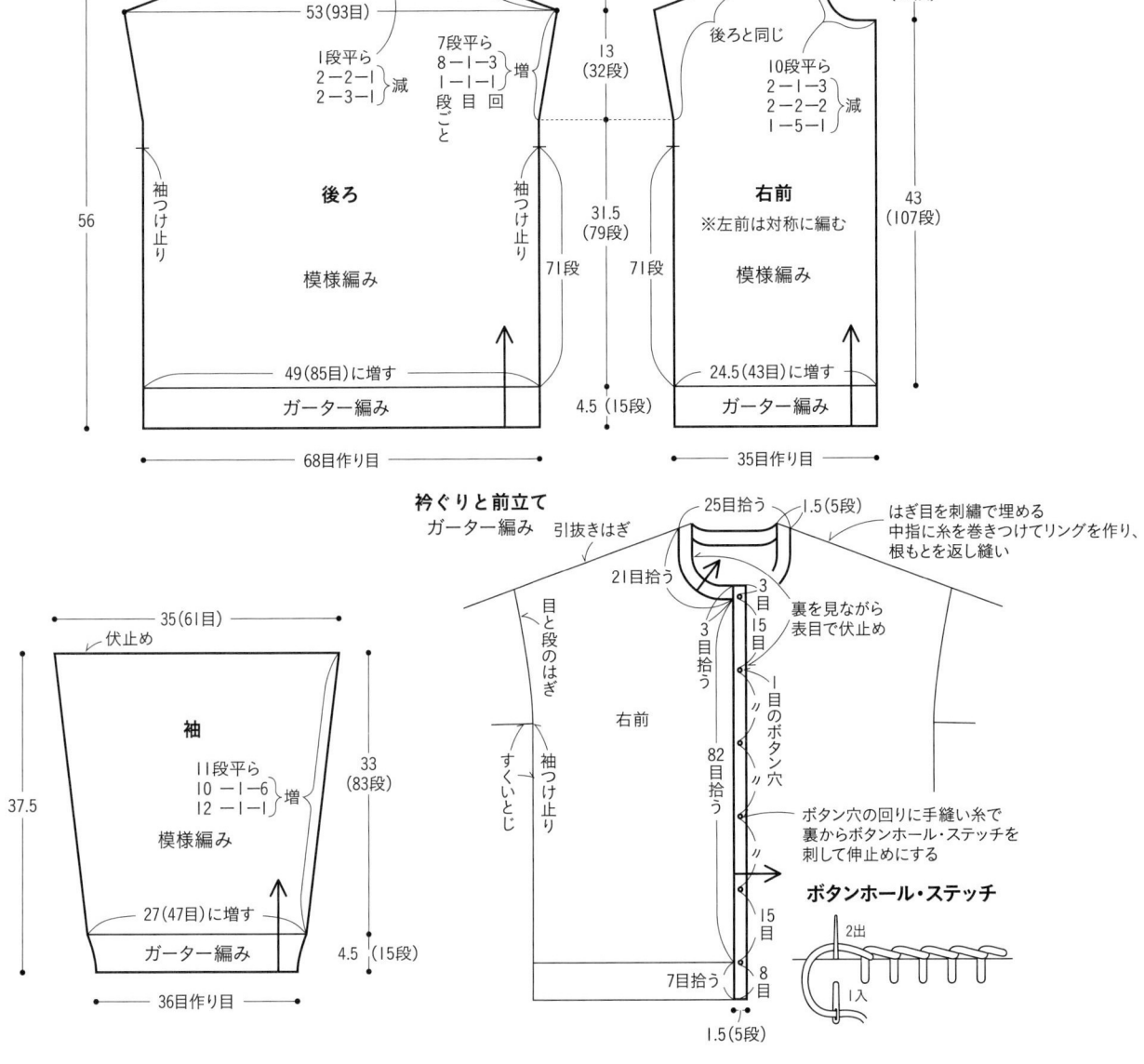

模様編みの記号図

6
3
2
1
4段一模様
2 1
2目一模様

ガーター編みの記号図

4
3
2
1
2段一模様
作り目
拾い目
2 1

ⓥ＝リング編み
→p.35「リング編み」にプロセス写真解説あり

右前衿ぐりの減し方

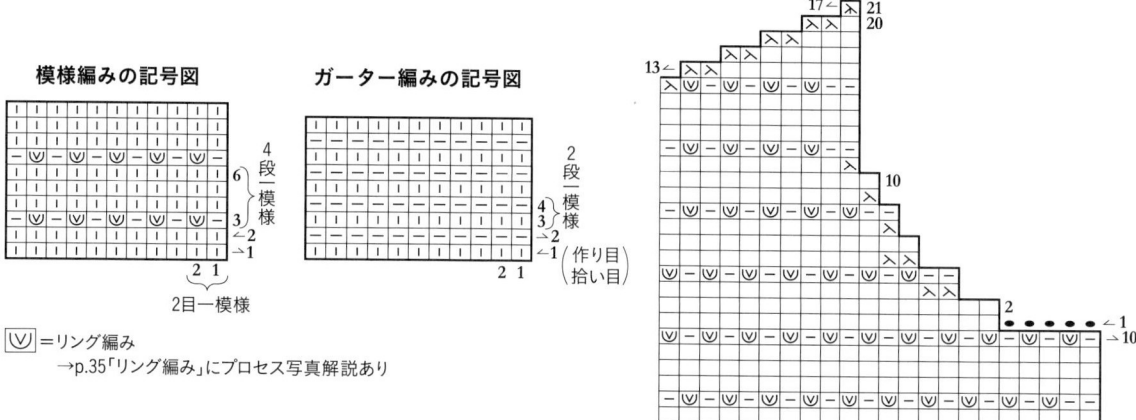

17
21
20
13
10
2
1
107

後ろの増し方、減し方

5
17
休み目
2
1
10
□＝|
2
1
32
30
20
10
増し目により
リングの位置がずれる
2
1
79
目と目の間に
渡った糸を
ねじって増す
70

前立ての編み方とボタン穴

衿ぐり側
3目
1目
15目
1目
15目
15目
1目
15目
1目
8目
5
裾側
2
1
(拾い目)

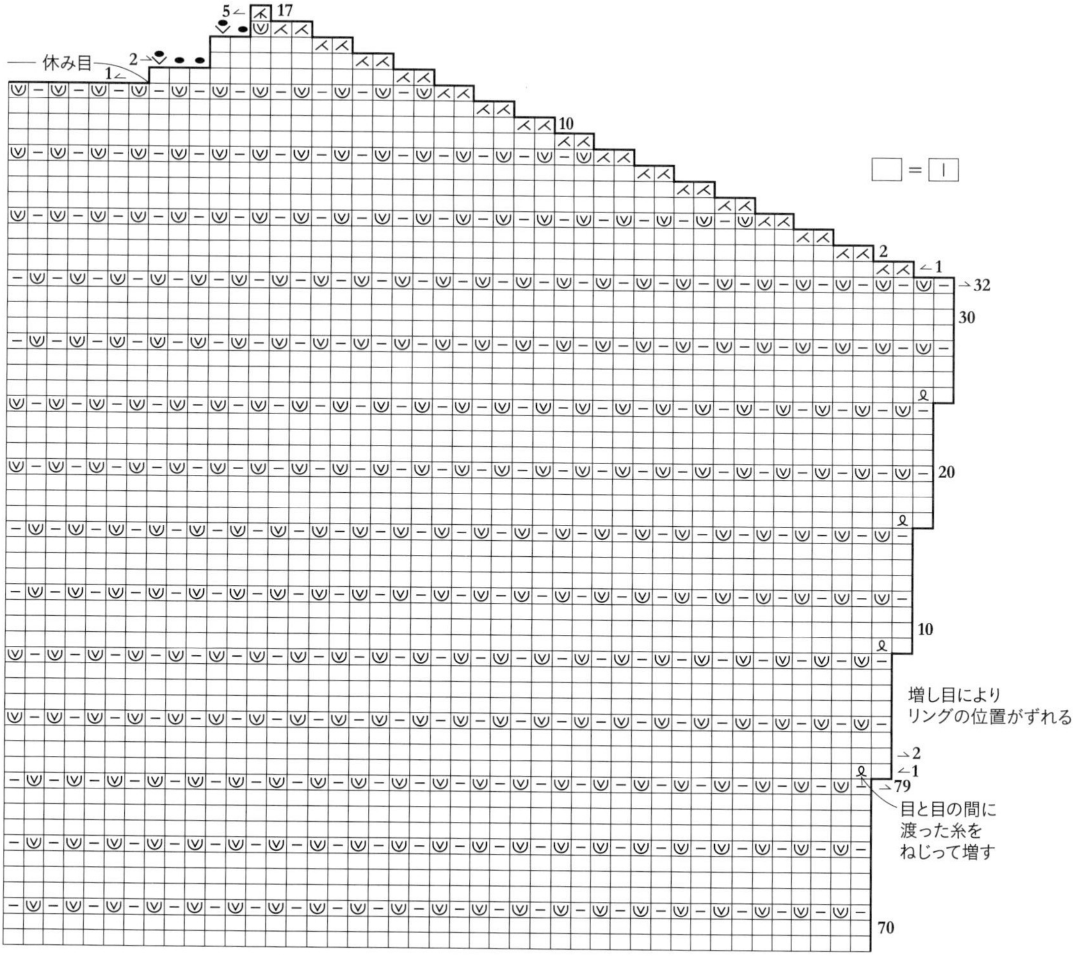

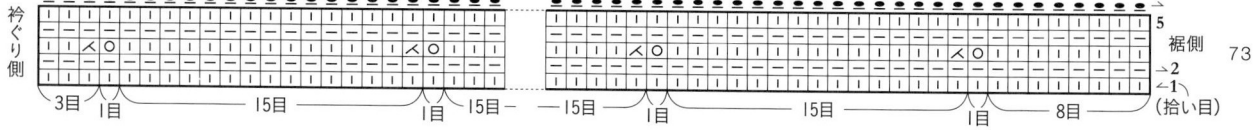

page30 雲と山の帽子

[糸] パピー シェットランド
ペールブルー（9）50g、
オフホワイト（50）45g
[用具] 6号、8号4本棒針
[ゲージ] 模様編み 24目36段が10cm四方
[サイズ] 頭回り53cm、深さ25cm
[編み方] 糸は1本どりで、指定の配色で編みます。
指に糸をかける方法で88目作り目して輪にし、6号針で変りゴム編みを編みます。8号針に替え、128目に増し、模様編み（p.37「雲と山のステッチ」参照）を増減なく64段編み、続けてメリヤス編みで減らしながら編みます。残った32目に糸を1目おきに2周して絞ります。ポンポンを作り（p.52参照）、トップにつけます。

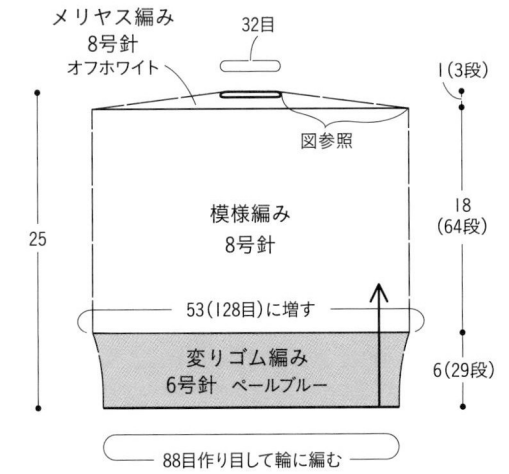

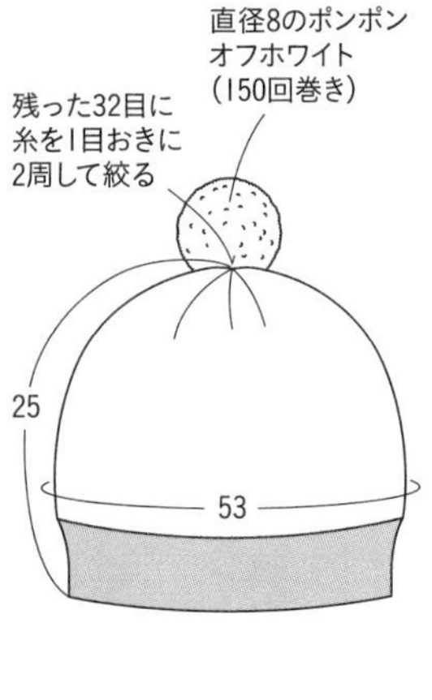

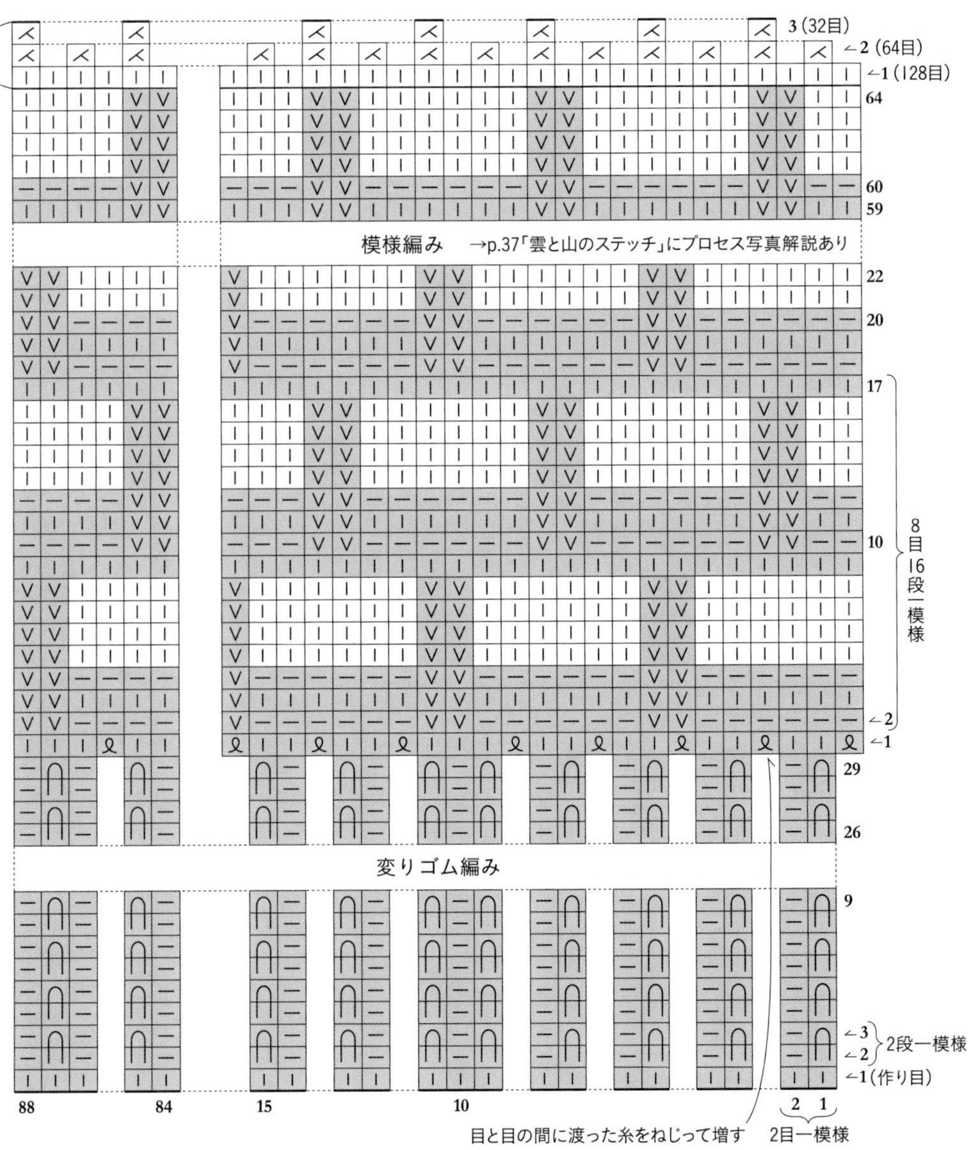

page28 木の葉のカーディガン

[糸] パピー ブリティッシュエロイカ オフホワイト(125) 470g
[用具] 10号輪針(80cm)、10号2本棒針 ※輪針で往復編みをする
[その他] 直径1.8cmのボタン6個
[ゲージ] 裏メリヤス編み 18目24段が10cm四方 模様編み 19目24段が10cm四方
[サイズ] 胸回り88.5cm、着丈55.5cm、ゆき丈68.5cm
[編み方] 糸は1本どりで編みます。

前後身頃は指に糸をかける方法で124目作り目し、ガーター編みを編みます。155目に増し、裏メリヤス編みで増減なく編みます。袖は同様に36目作り目し、ガーター編みを編みます。45目に増し、裏メリヤス編みと模様編みで増しながら編みます。身頃と袖の4目をメリヤスはぎにし、袖下をすくいとじにします。ヨークは前後身頃と袖から目を拾い、模様編みで減らしながら編み、衿ぐりにガーター編みを編みます。前立ては身頃とヨークと衿ぐりから目を拾い、ガーター編みで編みますが、右前にはボタン穴をあけます。ボタンをつけます。

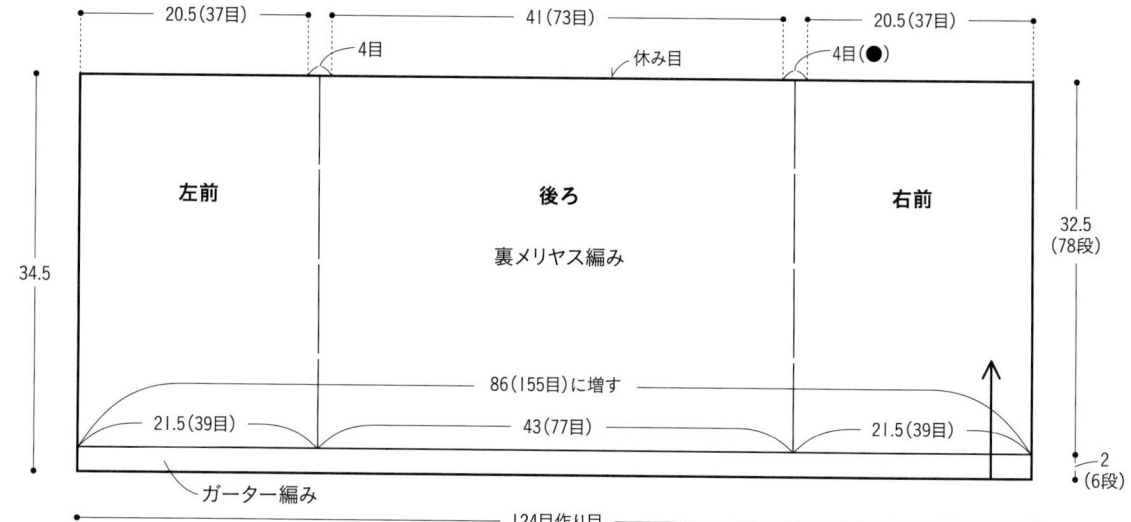

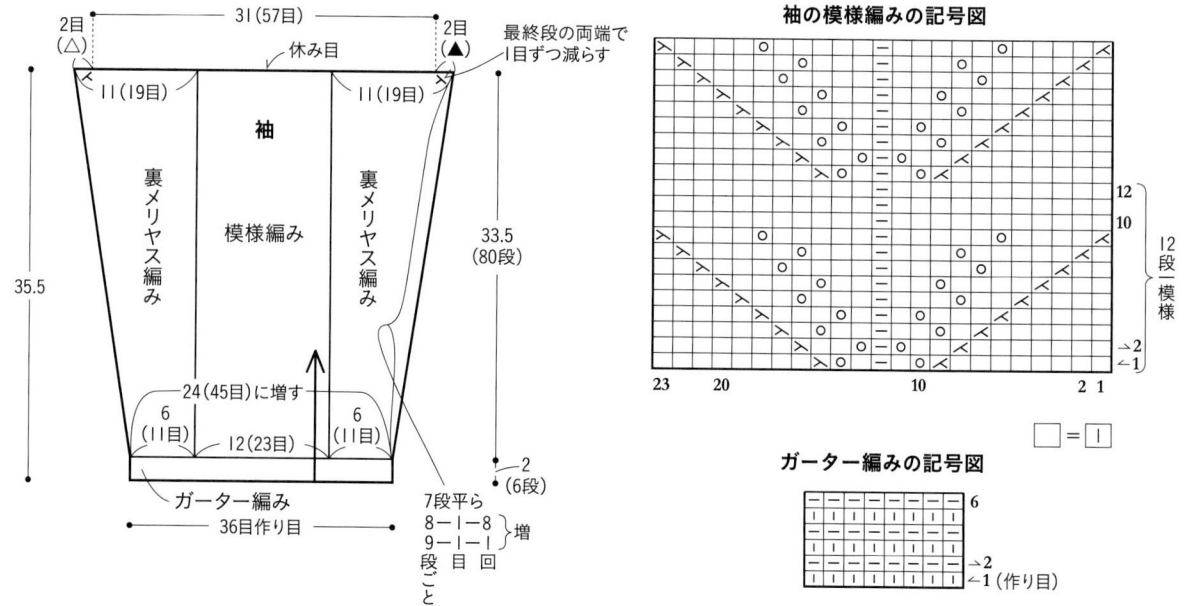

左前から
37目拾う
右前から
37目拾う
21
(51段)
左袖から
57目拾う
54
(103目)
右袖から
57目拾う
4−20−3
6−20−4
15−18−1
減
ヨーク
模様編み
137(261目)
後ろから73目拾う

ヨークの編み方

261 260
250
105
100
95 94
90
80
70
左前から37目
後ろから73目
右袖から57目
袖の模様編みから続ける

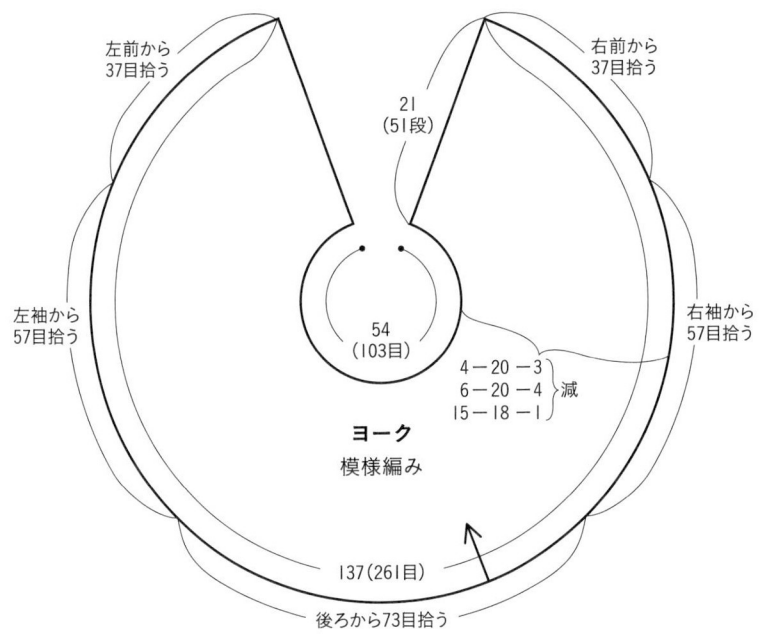

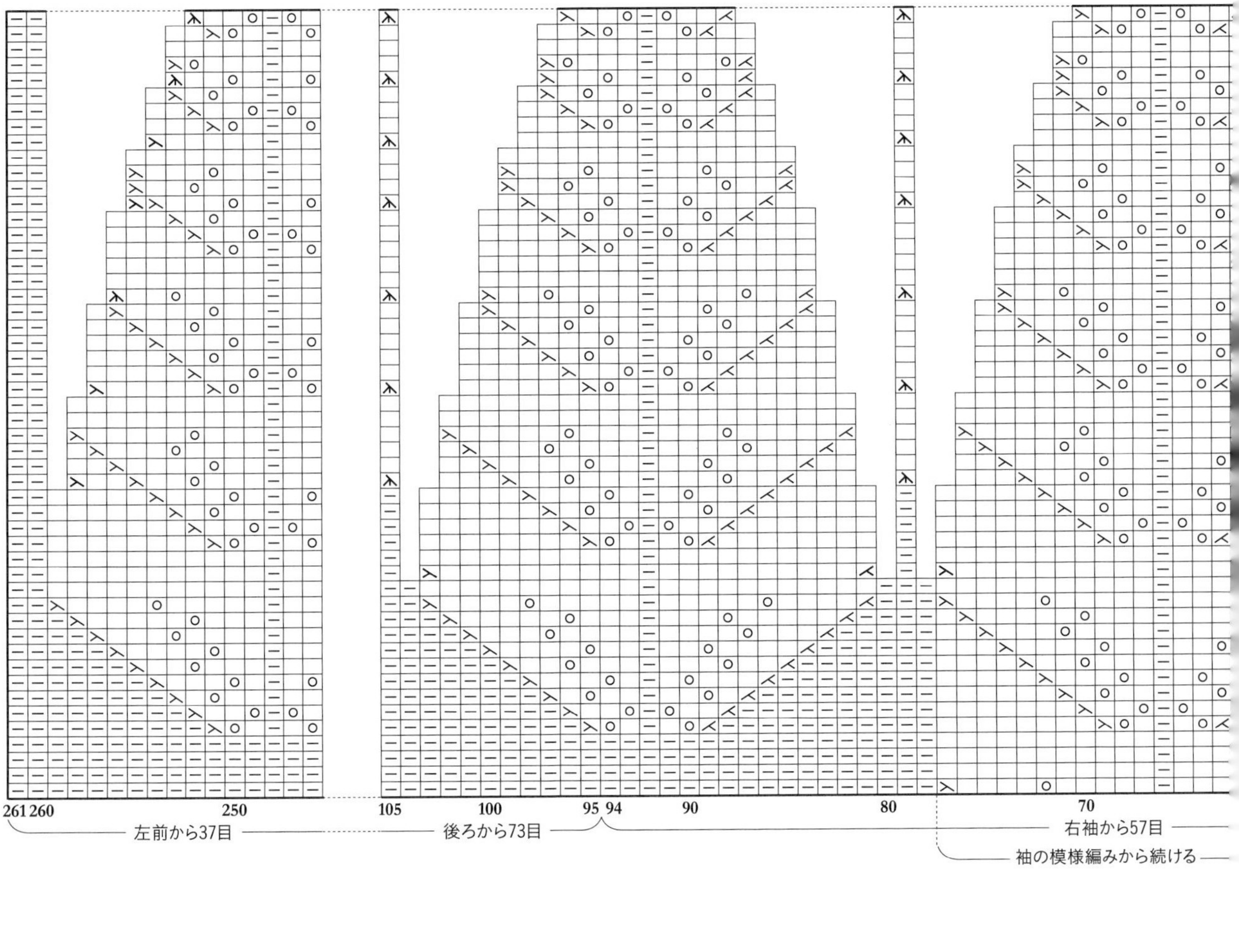

衿ぐり、前立て
ガーター編み

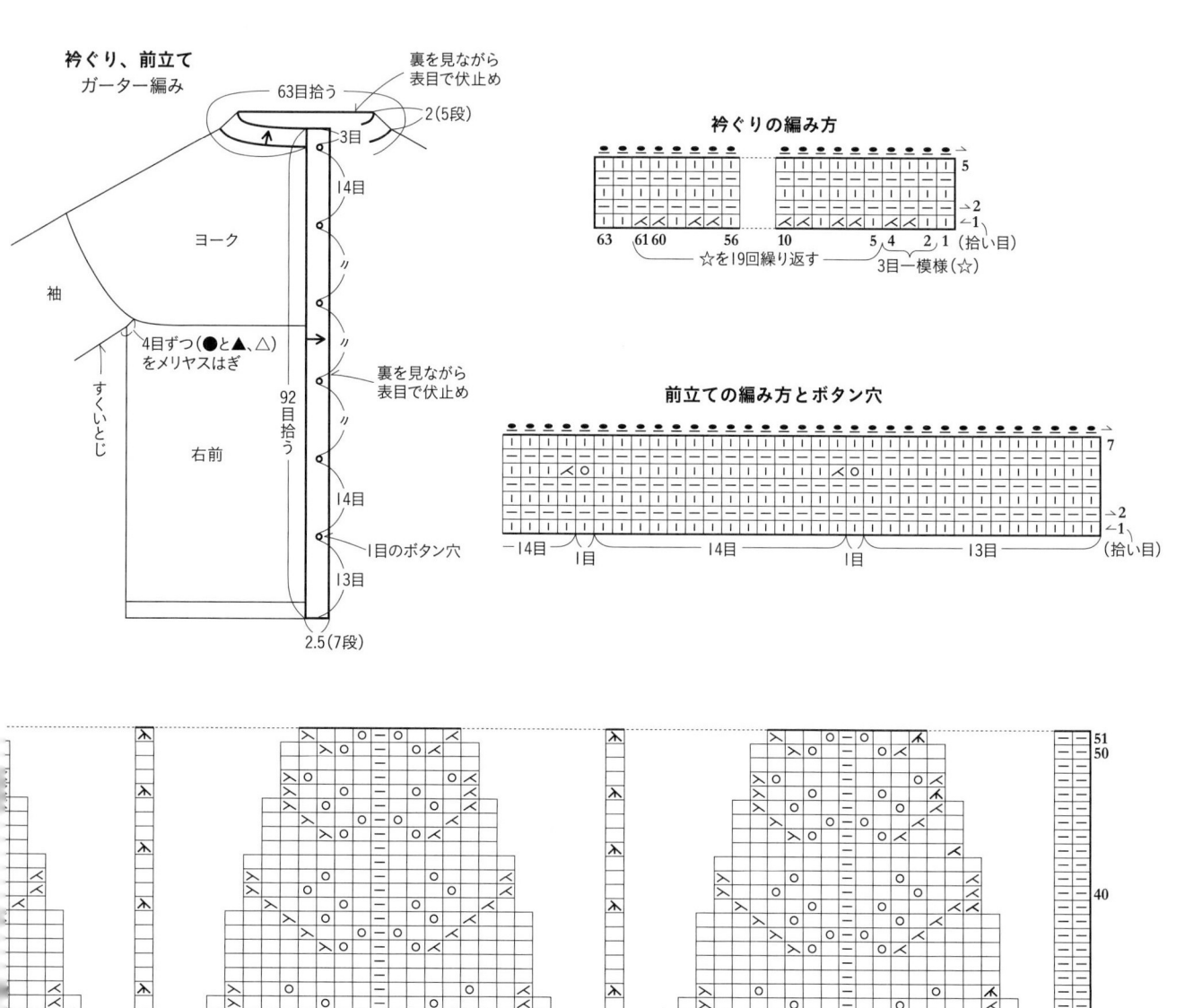

63目拾う
裏を見ながら表目で伏止め
2(5段)
3目
14目
ヨーク
袖
4目ずつ(●と▲、△)をメリヤスはぎ
すくいとじ
右前
92目拾う
裏を見ながら表目で伏止め
14目
1目のボタン穴
13目
2.5(7段)

衿ぐりの編み方

63 61 60　56　10　5 4 2 1 (拾い目)
☆を19回繰り返す　3目一模様(☆)

前立ての編み方とボタン穴

14目　1目　14目　1目　13目　(拾い目)

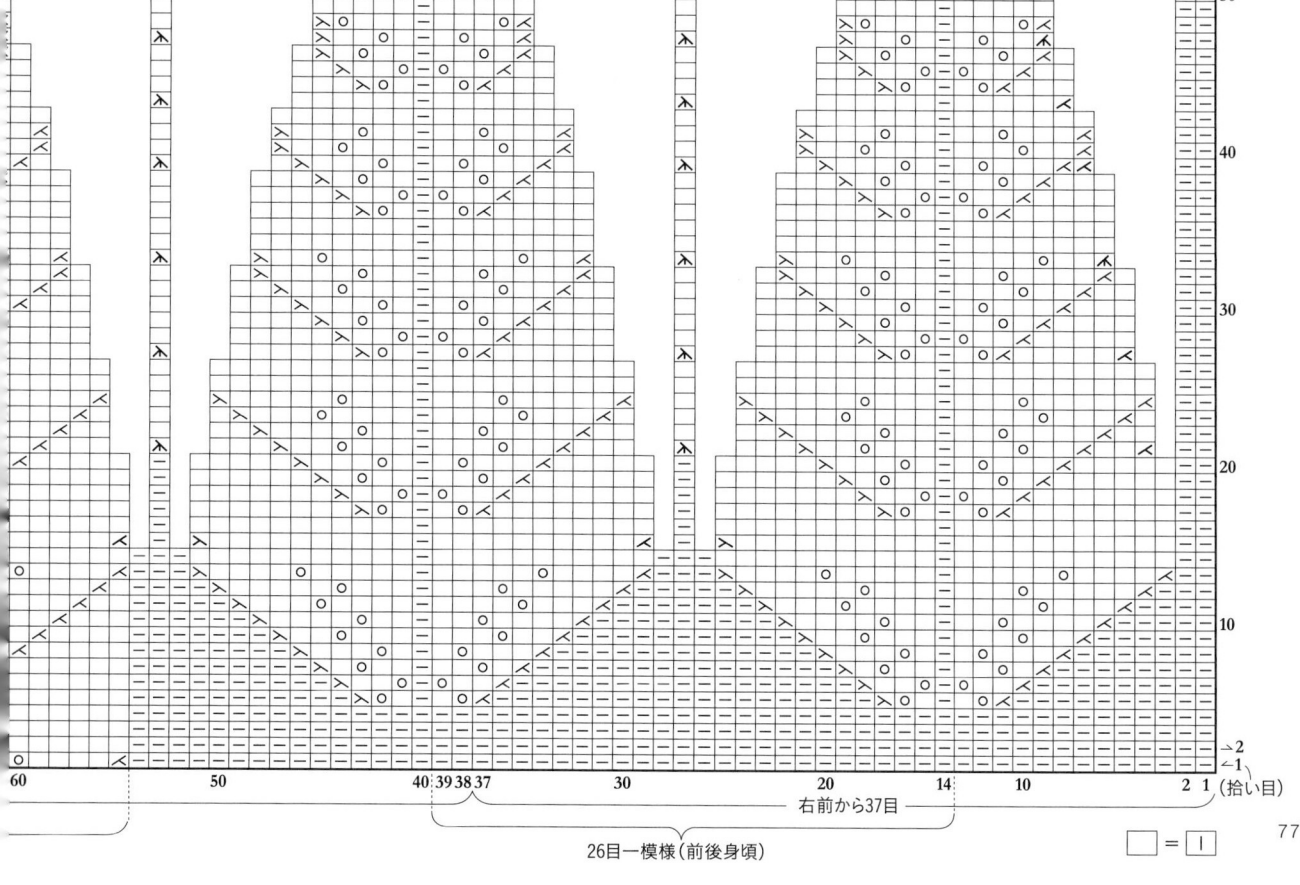

60　50　40 39 38 37　30　20　14　10　2 1 (拾い目)
右前から37目
26目一模様(前後身頃)

□ = │

77

page26 ロングカーディガン

- [糸] ハマナカ ソノモノ スーリーアルパカ ベージュ(82) 580g
- [用具] 8号、10号2本棒針、8号輪針(80cm) ※輪針で往復編みをする
- [ゲージ] 模様編み 51目が24.5cm、23段が10cm ガーター編み(袖) 20目35段が10cm四方
- [サイズ] 身幅63cm、着丈67.5cm、ゆき丈61.5cm
- [編み方] 糸は2本どりで、指定の針で編みます。

右前は指に糸をかける方法で52目作り目し、8号針でガーター編みを編みます。10号針に替えて63目に増し、模様編みと裏メリヤス編みを増減しながら編み、目を休めます。左前を同じ要領で編み、左右126目を続けて後ろを編みます。8号針に替えてガーター編みを編み、2段めで102目に減らします。編終りは伏止めをします。袖は、指に糸をかける方法で55目作り目し、8号針でガーター編みを減らしながら編みます。前立てと衿ぐりは、8号輪針で身頃から拾い目してガーター編みで往復に編みます。編み地をアイロンで伸ばしぎみに整え、袖を身頃の袖つけ位置に目と段のはぎでつけます。脇と袖下をすくいとじにします。

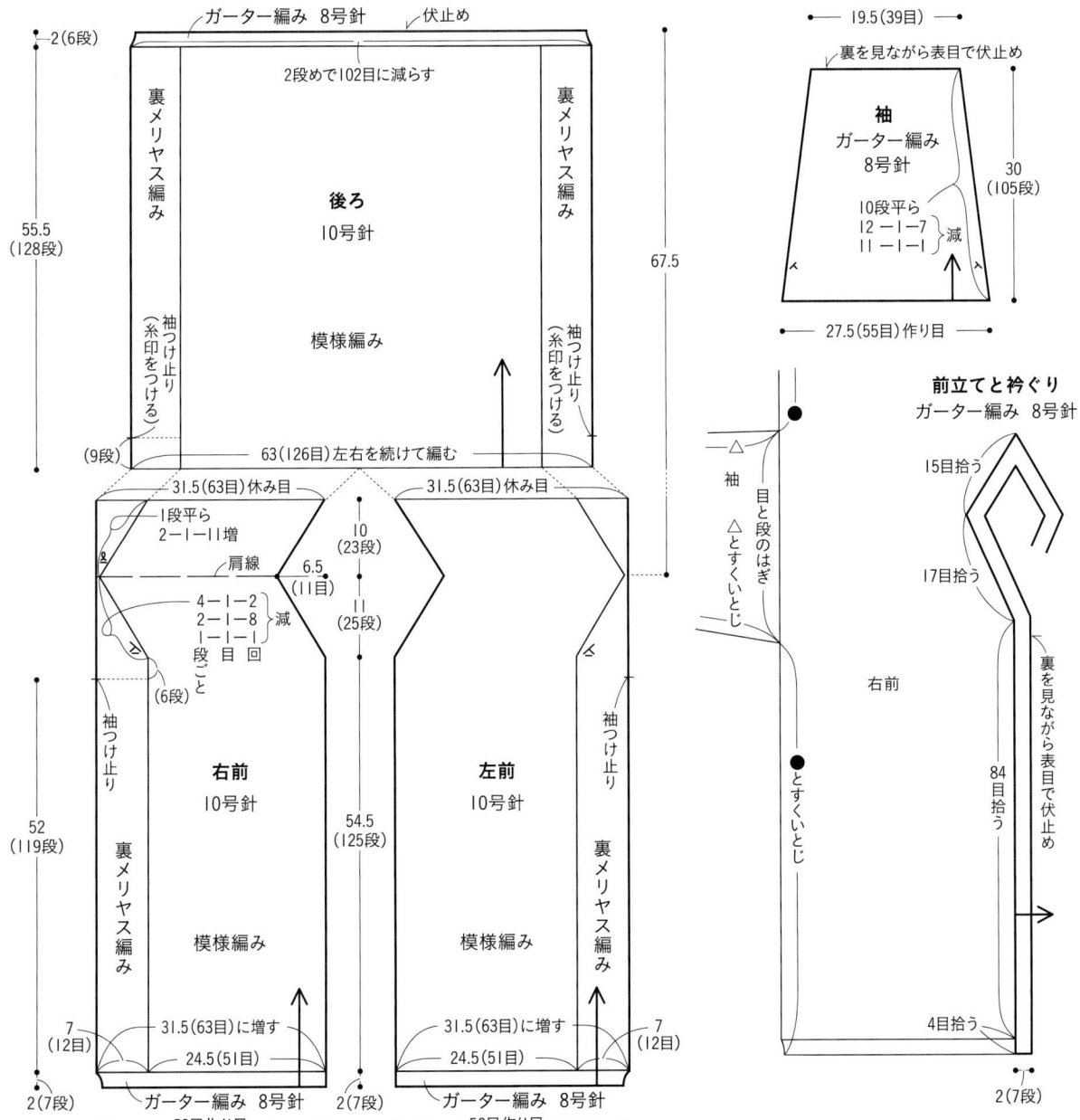

右前の編み方

※左前は対称に模様を配置する

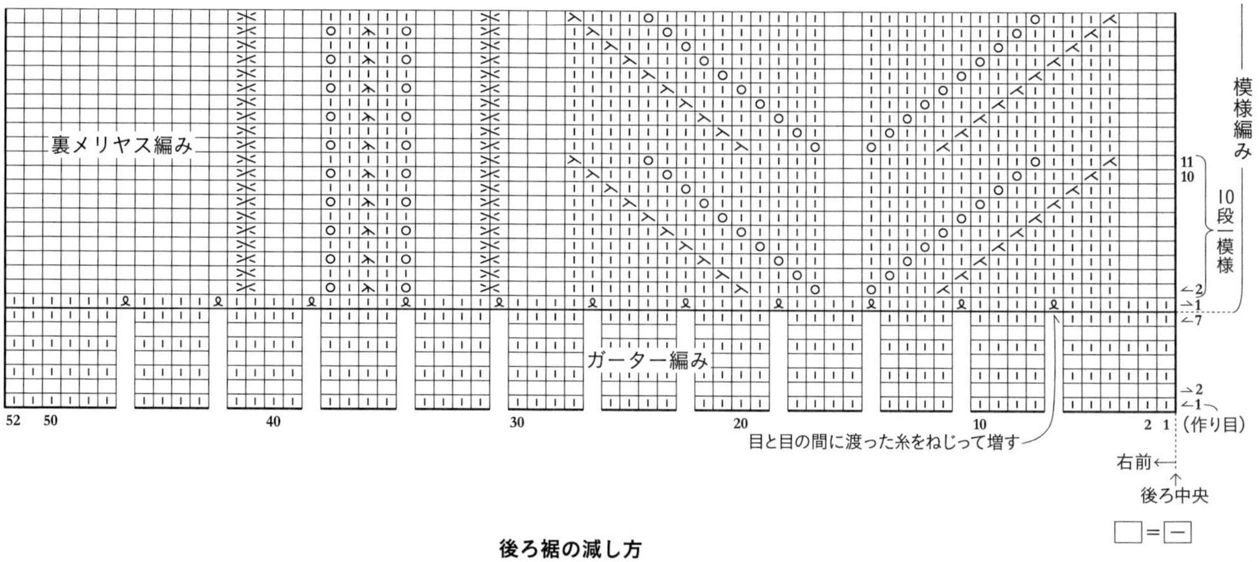

後ろ裾の減し方

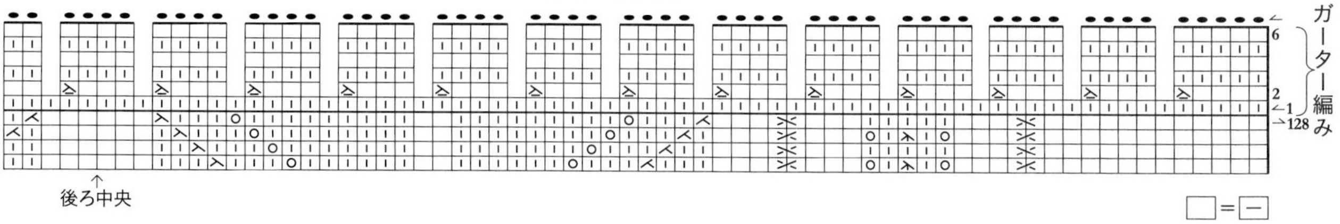

右袖ぐりの減し方、増し方

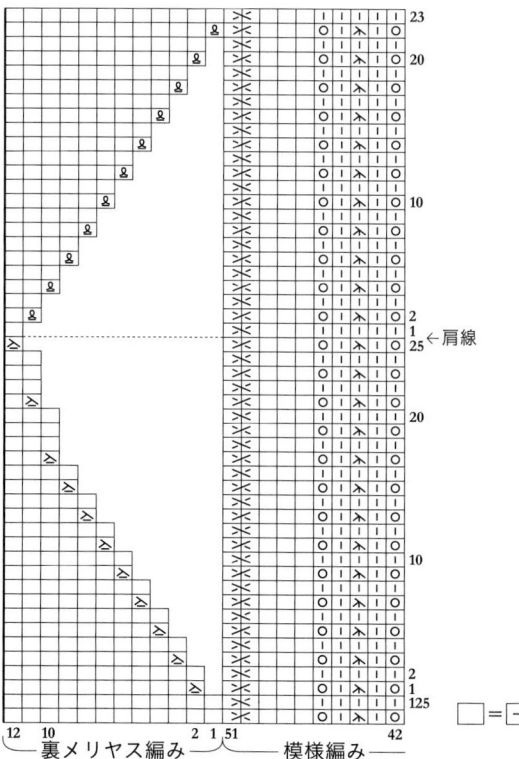

page33 白いマフラー

［糸］　　　パピー クイーンアニー　生成り（880）310g
［用具］　　7号2本棒針
［ゲージ］　模様編みA、A'　20目が6cm、31段が10cm
　　　　　　模様編みB　23目が9cm、31段が10cm
［サイズ］　幅21cm、長さ154cm
［編み方］　糸は1本どりで編みます。

指に糸をかける方法で7目作り目し、模様編みA、B、A'を増しながら58段編み、続けて、増減なく363段編みます。次に、減らしながら55段編みます。編終りは、裏を見ながら表目で伏止めをします。

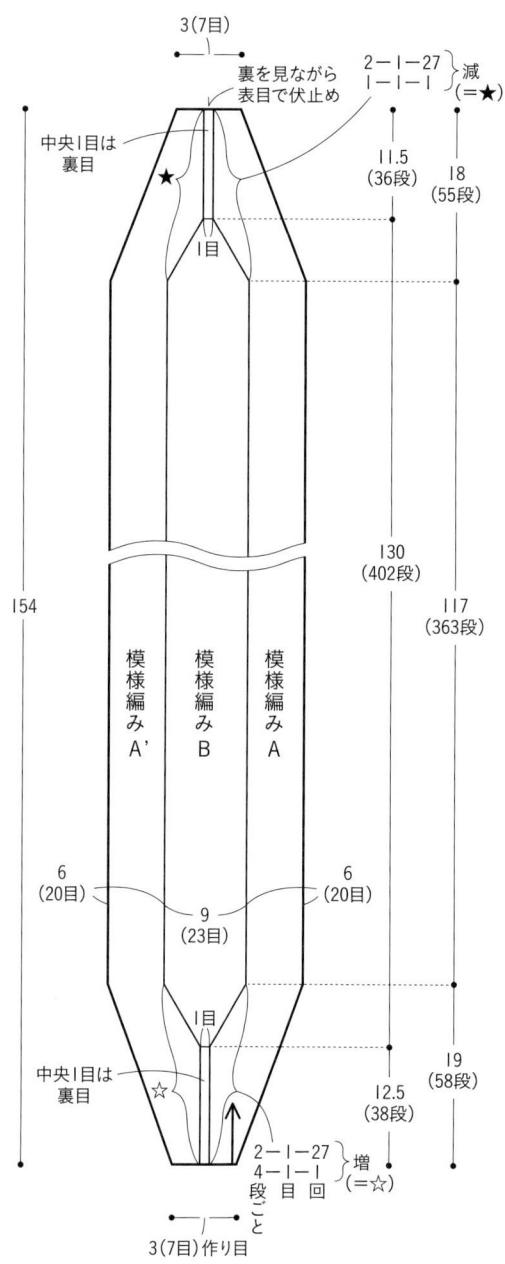

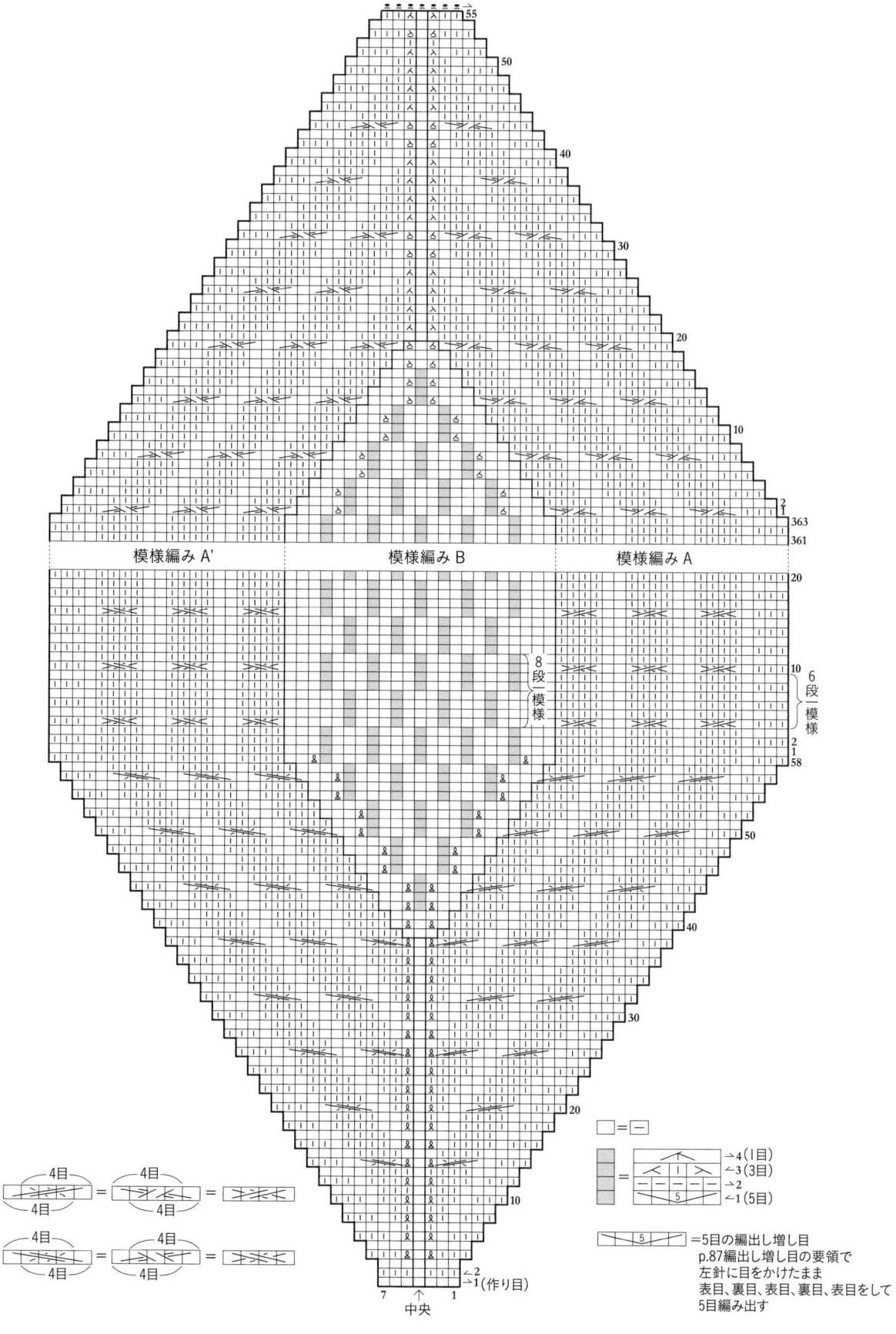

page31,32 猫ミトン、蝶ミトン

[糸] ジェイミソンズ シェットランド スピンドリフト
　　　　猫／ライトグレー（122/granite）、黄色（400/mimosa）、濃紺（730/dark navy）各15g
　　　　蝶／オフホワイト（104/natural white）、赤（500/scarlet）、濃紺（730/dark navy）各15g
[用具] 4号4本棒針
[ゲージ] メリヤス編みの編込み模様　30目32段が10㎝四方
[サイズ] てのひら回り20㎝、長さ23.5㎝
[編み方] 糸は1本どりで、指定の配色で編みます。

指に糸をかける方法で48目作り目して輪にし、1目ゴム編みを26段編みます。次の1段めで60目に増しながら、表目で編み、2段めからはメリヤス編みの編込み模様A、Bを編みますが、親指穴（左右で位置を変える）の下側は別糸を通して目を休め、上側の目を作ります（p.90参照）。指先を図のように減らし、残った4目に糸を通して絞ります。別糸を抜いて目を拾い（p.90参照）、親指をメリヤス編みで編みます。

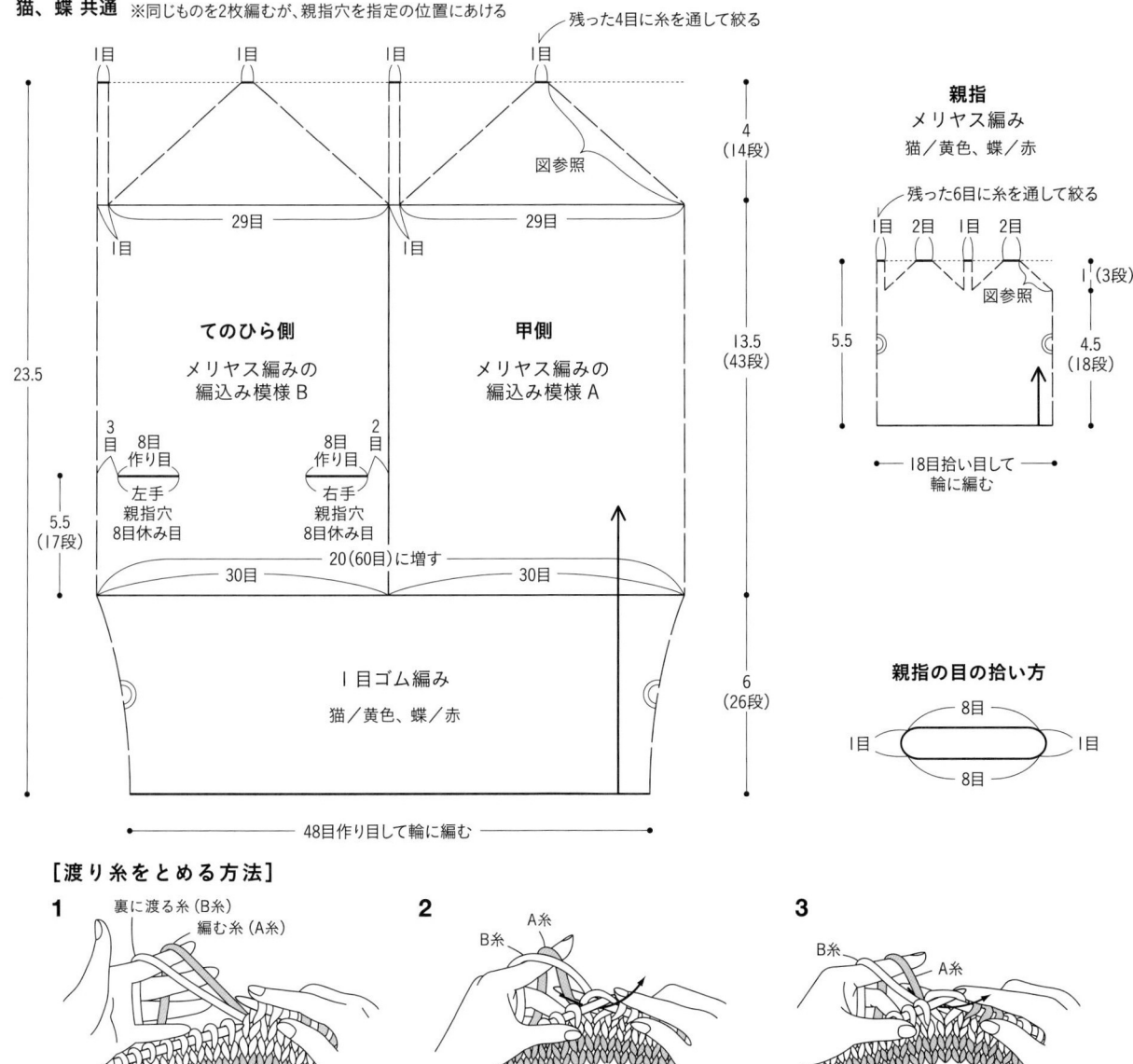

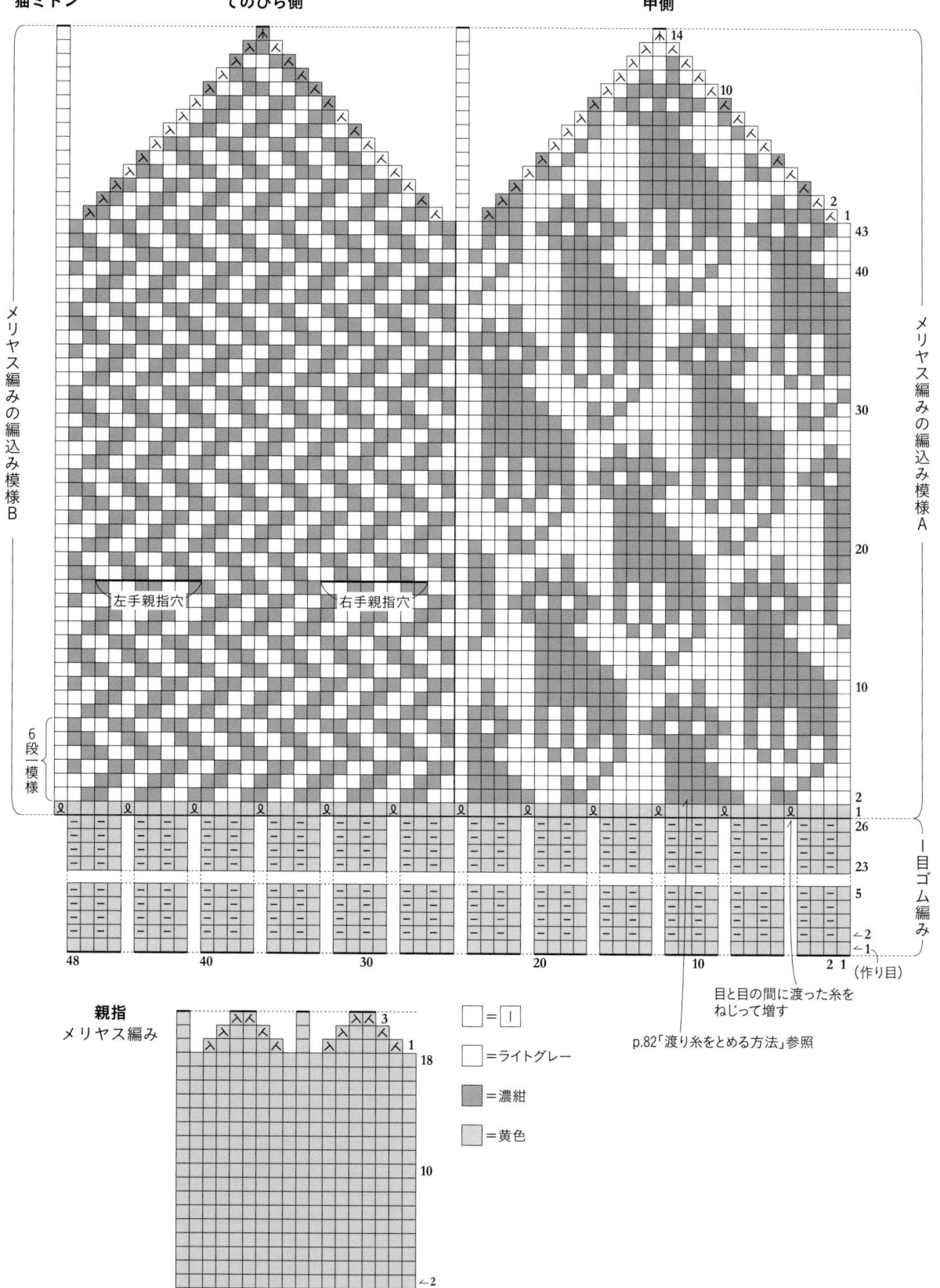

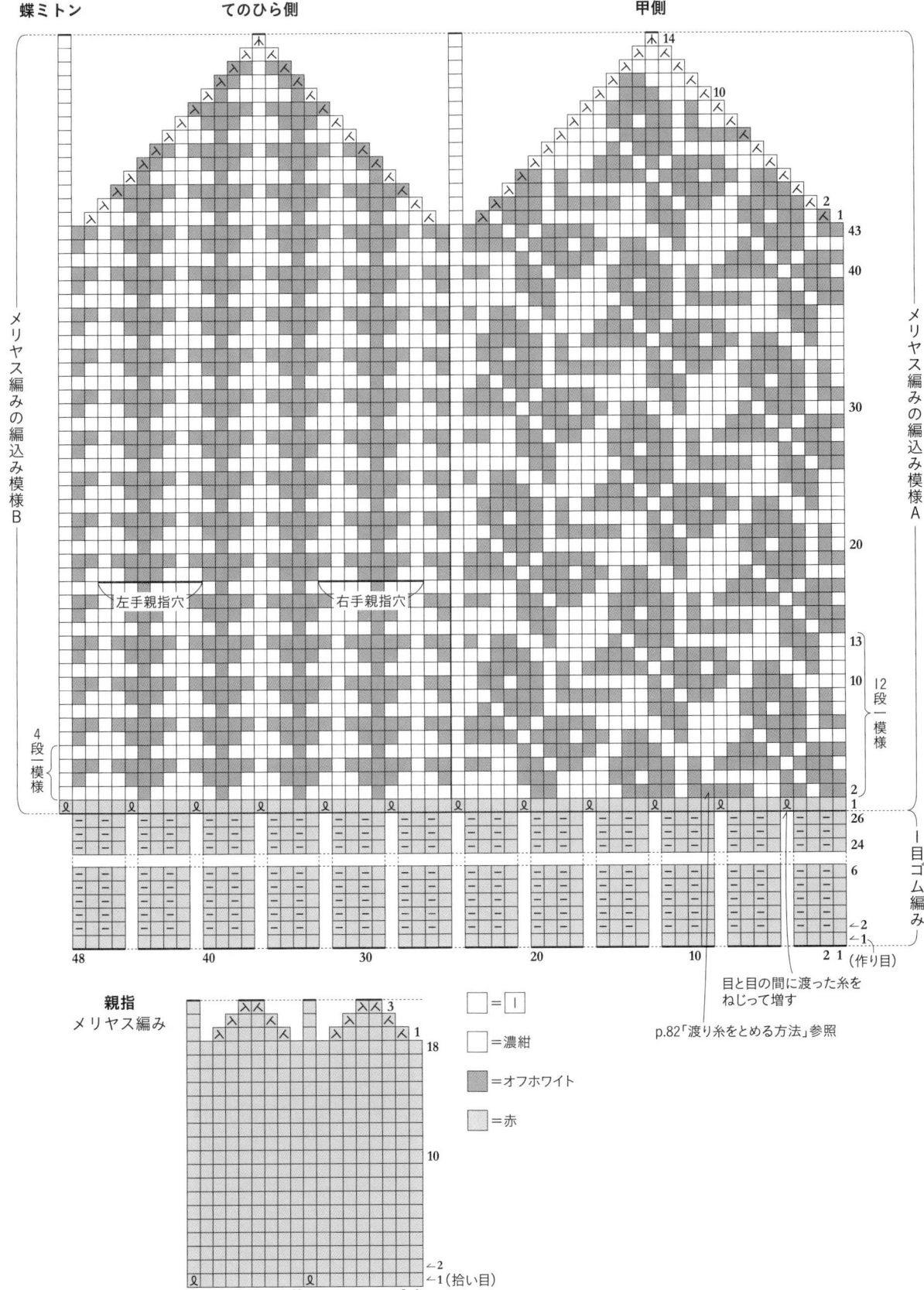

編み物の基礎　棒針編み

[製図の見方]

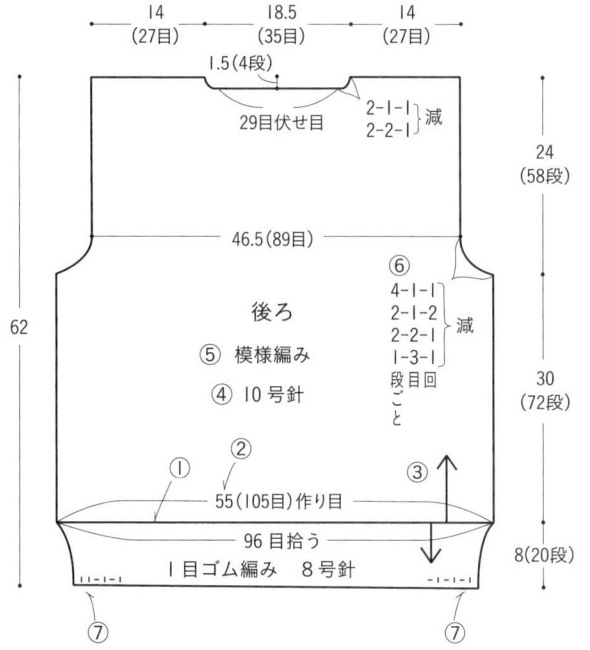

① 編始め位置　⑤ 編み地
② 寸法（cm）　⑥ 計算
③ 編む方向　　⑦ ゴム編みの端目の記号
④ 使う針

「端2目立てて減らす」とは

「目を立てる」とは編み目をくずさずに通すことを意味し、ラグラン線の減し目などによく使われます。「端2目立てて減らす」という場合は端から2目めが3目めの上になるように2目一度をします。

[記号の見方]

記号図で表わした場合

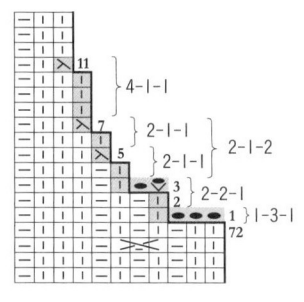

増す場合は減し方と同じ要領で減し目を増し目に変えます。

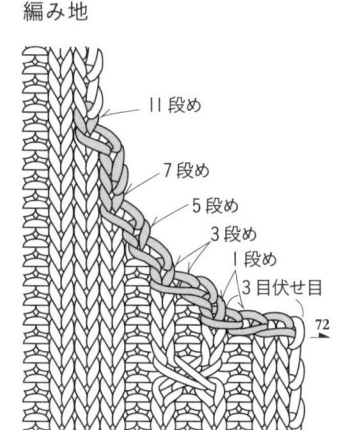

編み地

記号図で表わした場合

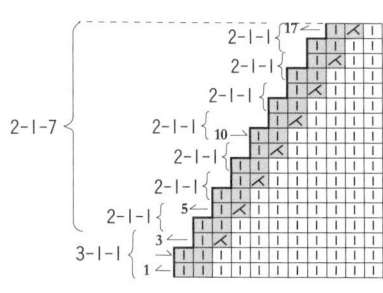

編み地

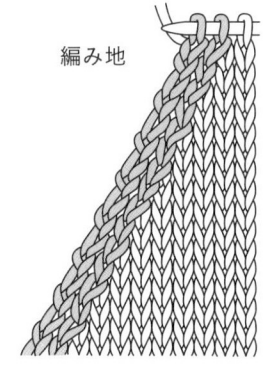

記号図は編み地の表側から見たもので、例外を除き、後ろ身頃の右端の1段めから書かれていて、左端は身頃の左端の編み目になります。

1段めに矢印「→」があるときは、1段めを左側（裏側）から編みます。

途中に「袖←」などの指定があるときは、指定（袖）の右端をその位置から編み始めるという意味です。

[記号図の見方]

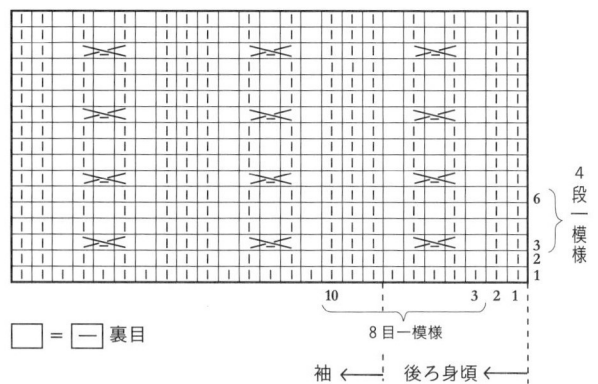

□ = — 裏目

[指に糸をかけて目を作る方法] いろいろな編み地に適し、初心者にも作りやすい方法です。

1

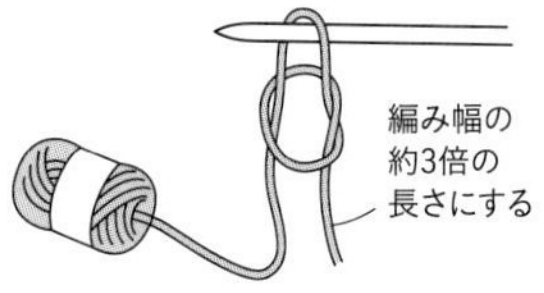

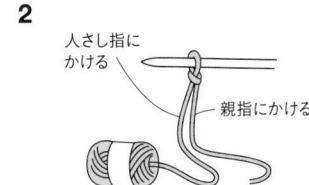

糸端から編み幅の約3倍の長さのところで輪を作り、棒針を輪の中に通す

2

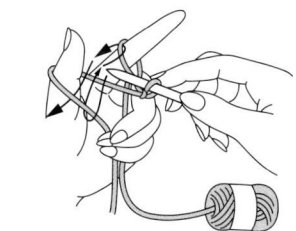

輪を引き締める。1目めのでき上り

3

糸端側を左手の親指に、糸玉側を人さし指にかけ、人さし指にかかっている糸を矢印のようにすくう

4

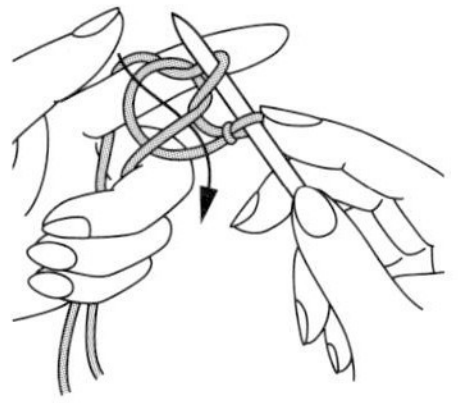

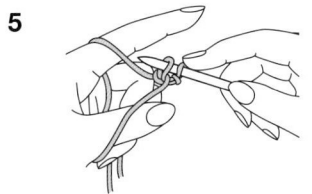

親指の糸を外し、手前の糸を矢印の方向に引き締める

5

引き締めたところ。3〜5を繰り返し、必要目数作る

6

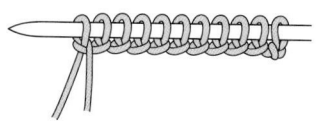

でき上り。表目1段と数える。この棒針を左手に持ち替えて2段めを編む

[針にかかった目から編み出す方法] 著者が使用している方法です。作り目が薄く仕上がります。

1

左針に1目めを指で作る

2

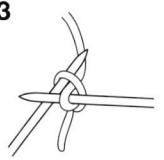

1目めに右針を入れ、糸をかける

3

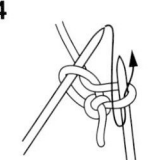

引き出す

4

引き出した目を左針に移す。右針を抜かないでおく

5

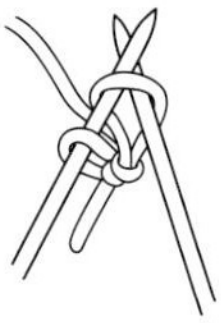

移した目が2目めとなる

6

2〜4と同様に糸をかけて引き出し、左針に移す

7

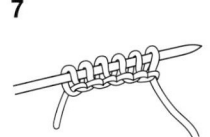

必要目数作る。表目1段と数える。

[目の止め方]

伏止め（表目） ●

1

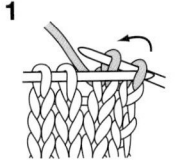

端の2目を表目で編み、1目めを2目めにかぶせる

2

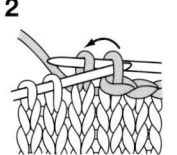

表目で編み、かぶせることを繰り返す

3

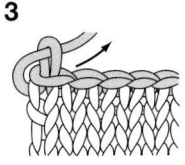

最後の目は、引き抜いて糸を締める

伏止め（裏目） ●

1

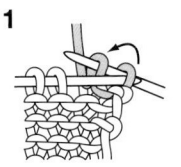

端の2目を裏目で編み、1目めを2目めにかぶせる

2

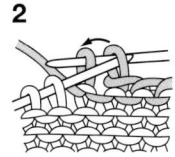

裏目で編み、かぶせることを繰り返す

3

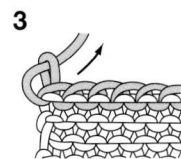

最後の目は、引き抜いて糸を締める

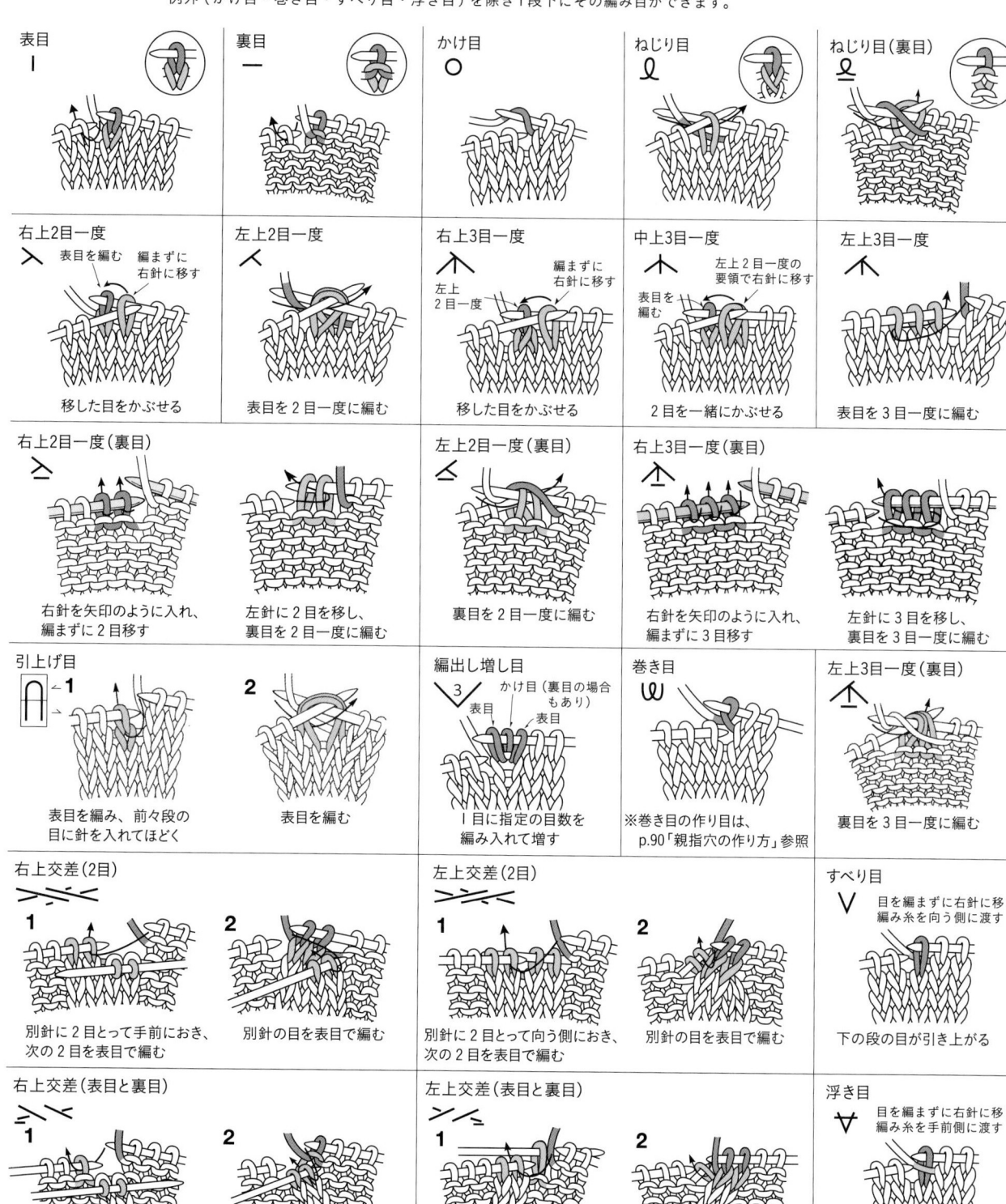

[1目内側でねじり目で増す方法]
目と目の間の糸をねじって増します。

右側

1 / **2** / **3**

1目めと2目めの間の渡り糸を右の針ですくい、ねじり目で編む
※左側も同様に編む

セーターの裾や袖口のゴム編みとの境目で増し目をするときも同じ方法で増します。

[端で1目減らす方法]

右側

1 表目を編む / 編まずに右の針に移す
2 かぶせる
3

左側

1 / **2** / **3**

―― 裏側で減らす場合 ――

右側

左針を矢印のように入れ、目を入れ替えて編む

左側

[端で2目以上減らす方法]
糸のある側で操作を始めるので、左右で1段ずれます。

右側

1 表目2目 / かぶせる
2 表目を編む / かぶせる
3

2目伏せ目（表目2回め）
4目伏せ目
←（表目1回め）

1回めは編み端に角をつけるために、始めの1目も表目で編み、2目めにかぶせる

4 表目を編む / かぶせる / すべり目
5 表目を編む / かぶせる
6 2回め（2目伏せ目） / 1回め（4目伏せ目）

2回め以降は編み地をなだらかにするために、始めの1目は編まずにすべり目して次の目は表目を編み、すべり目を表目にかぶせる

左側

1 裏目2目 / かぶせる / 1回め
2 裏目を編む / かぶせる
3 かぶせる

（裏目2回め）2目伏せ目
4目伏せ目
（裏目1回め）→

4 裏目を編む / かぶせる / すべり目
5 裏目を編む / かぶせる
6 2回め（2目伏せ目） / 1回め（4目伏せ目）

2回め

[**引返し編み**] 2段ごとに編み進む引返し編み。引返し編みは編終り側で操作を始めるので、左右で1段ずれます。

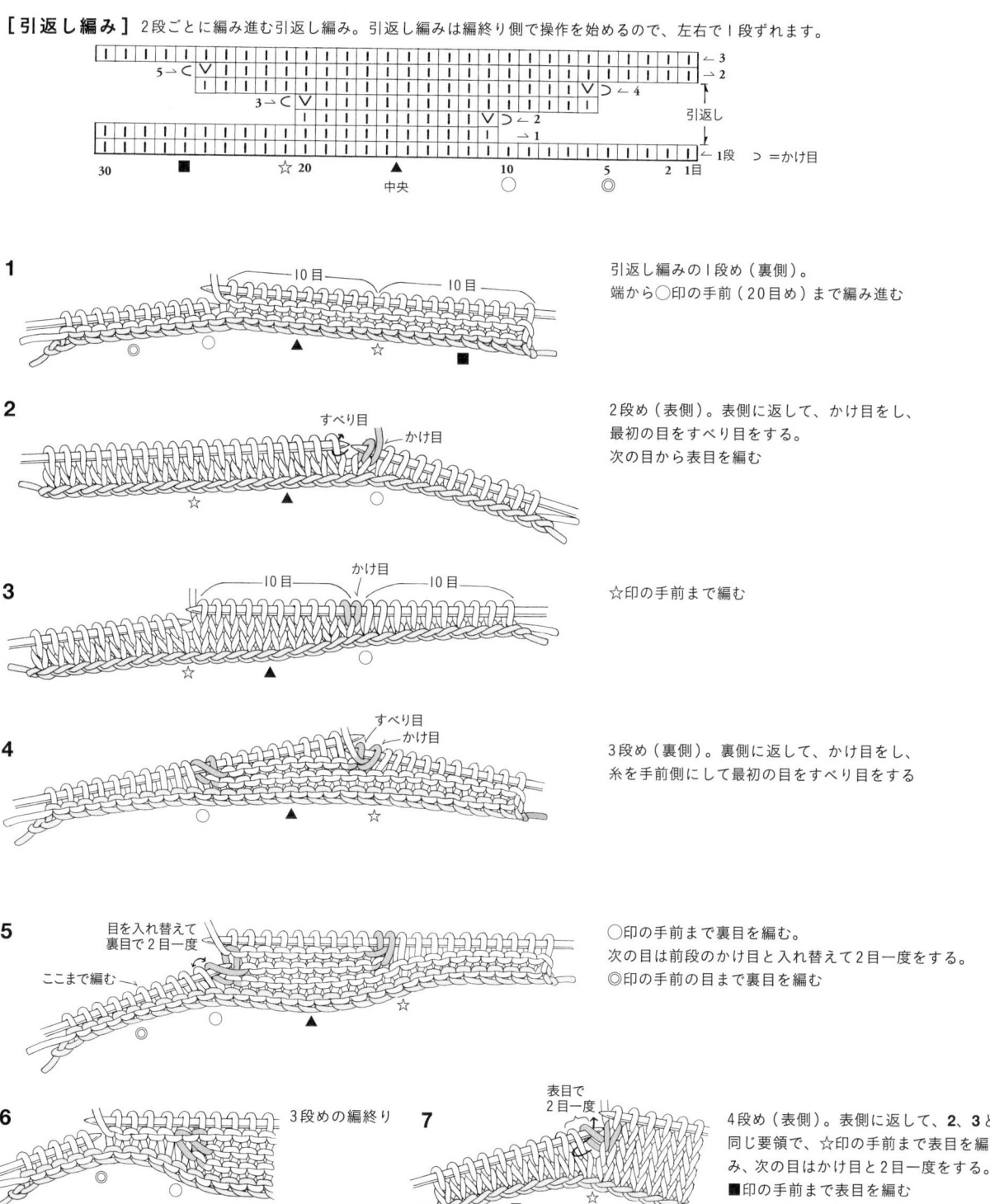

1　引返し編みの1段め(裏側)。
端から○印の手前(20目め)まで編み進む

2　2段め(表側)。表側に返して、かけ目をし、
最初の目をすべり目をする。
次の目から表目を編む

3　☆印の手前まで編む

4　3段め(裏側)。裏側に返して、かけ目をし、
糸を手前側にして最初の目をすべり目をする

5　○印の手前まで裏目を編む。
次の目は前段のかけ目と入れ替えて2目一度をする。
◎印の手前の目まで裏目を編む

7　4段め(表側)。表側に返して、2、3と
同じ要領で、☆印の手前まで表目を編
み、次の目はかけ目と2目一度をする。
■印の手前まで表目を編む

8　5段め。4、5と同じ要領で、◎印の位置でかけ目と2目
一度をして端まで編む。次の段は7と同じ要領で、■印
の位置で2目一度をして端まで編む

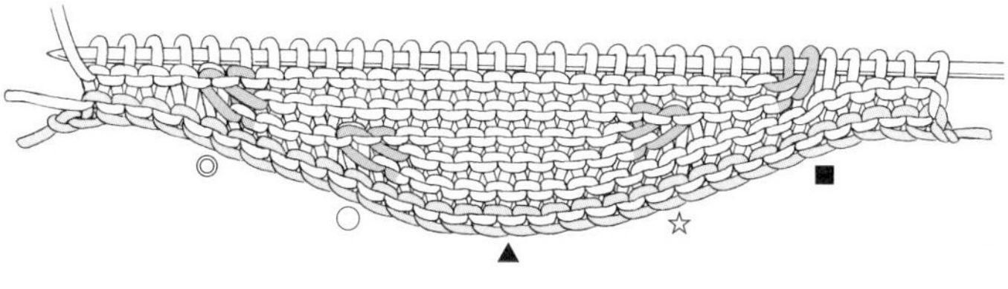

[スティークの巻き目の作り目]

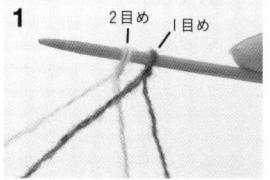
1　新しい糸で糸端に結び目を作り、針に通す。指定の配色で2目作ったところ。

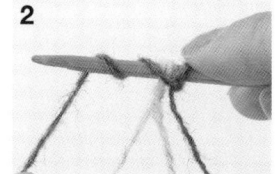
2　手前側から向う側に向かって針に2回巻く。

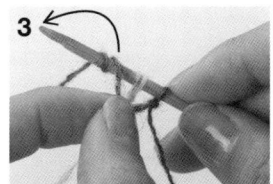
3　1つめのループをつまんで針にかぶせる。

4　かぶせたところ。糸を引き締める。3目めができた。指定の配色で2、3を繰り返して作り目する。

[親指穴の作り方]　親指穴の下側は別糸を通して目を休め、上側は巻き目の作り目で目を作ります。

1　親指穴の手前の目まで編んだら、親指穴の目にかぎ針を入れ、別糸を通して休める。

2　親指穴の上側に、巻き目で目を作る。手前側から向う側に向かって針に2回巻く。

3　1つめのループをつまんで針にかぶせる。

4　かぶせたところ。糸を引き締める。

5　1目作ったところ。

6　編込み模様のミトンの場合は、編込み図案に従って、色を替えて同様に作り目する。

7　同じ要領で、10目作ったところ。

8　そのまま続けて編む。

[親指の目の拾い方]

1　別糸を抜いて左針にとり、新たな糸を使って、親指の編込み図案に従って下側の目を編む。

2　下側の10目を編んだところ。

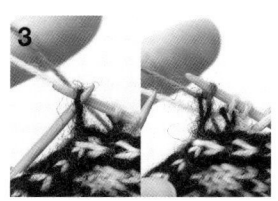
3　親指穴の左隣の目に針を入れ、ねじりながら2目編む(右下図・親指の目の拾い方参照)。

4　下の10目と上下の間の糸から2目拾ったところ。次に、上側の10目を拾う。

5　上側の10目を拾う。作り目の根もとの糸2本がクロスしているところを、2本一度に針を入れて拾う。

6　1目編んだところ。同じ要領で10目編む。

7　3と同じ要領でねじり目で2目編み、全部で24目拾ったところ。

親指の目の拾い方

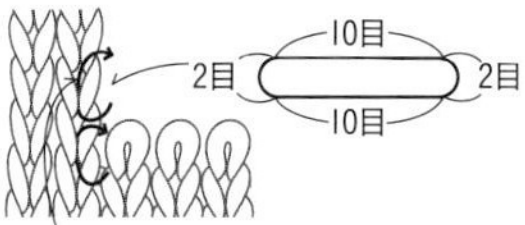

両端が1目拾い目の場合はこちらを拾う

[編込み模様の糸の替え方]

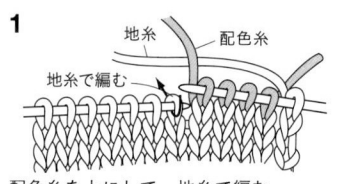
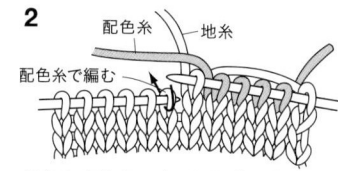

1 配色糸を上にして、地糸で編む
2 配色糸を地糸の上にして替える

[はぎ方・とじ方]

引抜きはぎ

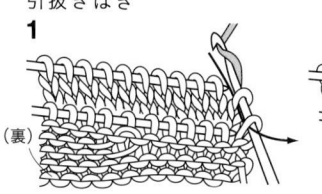
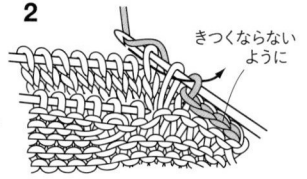

肩はぎでよく使う方法。編み地を中表にして持ち、かぎ針で前後の1目ずつとって引き抜く

メリヤスはぎ

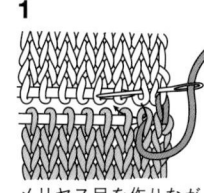
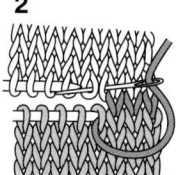
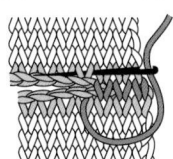

（伏止めしてある場合）

メリヤス目を作りながらはぎ合わせていく方法。表を見ながら右から左へはぎ進む。下はハの字に、上は逆ハの字に目をすくっていく

目と段のはぎ方

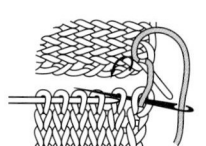
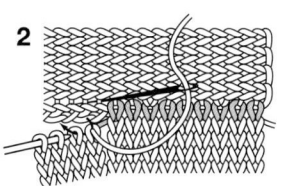

1 上の段は端の目と2目めの間の横糸をすくい、下の段はメリヤスはぎの要領で針を入れていく
2 はぎ合わせる目数より段数が多い場合は、ところどころで1目に対して2段すくう、平均にはぐ

すくいとじ

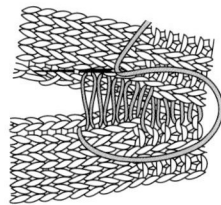

1目めと2目めの間の渡り糸を1段ずつ交互にすくう

この本で使用している糸

この本の掲載作品は、以下の糸を使用しています。
糸の特性によって、サイズや編み地の出方などにも違いが出ますので、素材や仕立て等の情報を糸選びの参考にしてください。

□ ヴィシュ／ⓞ
太さ … 合太
品質 … ウール100％
仕立て … 100gかせ巻き（約300m）

□ エトフ／ⓗ
太さ … 太
品質 … アルパカ70％
　　　　ウール24％
　　　　ナイロン6％
仕立て … 40g玉巻き（約102m）

□ クイーンアニー／ⓟ
太さ … 並太
品質 … ウール100％
仕立て … 50g玉巻き（約97m）

□ シェットランド／ⓟ
太さ … 並太
品質 … ウール100％（英国羊毛100％使用）
仕立て … 40g玉巻き（約90m）

□ シェットランド スピンドリフト
（Shetland Spindrift）／ⓙ
太さ … 中細（2ply jumper weight）
品質 … ウール100％
仕立て … 25g玉巻き（115yd＝約105m）

□ ソノモノ アルパカウール《並太》／ⓗ
太さ … 並太
品質 … ウール60％
　　　　アルパカ40％
仕立て … 40g玉巻き（約92m）

□ ソノモノ スーリーアルパカ／ⓗ
太さ … 中細
品質 … アルパカ100％
　　　　（スーリーアルパカ使用）
仕立て … 25g玉巻き（約90m）

□ ブリティッシュエロイカ／ⓟ
太さ … 極太
品質 … ウール100％
　　　　（英国羊毛50％以上使用）
仕立て … 50g玉巻き（約83m）

ⓗ ハマナカ　ⓙ ジェイミソンズ スピニング（Jamieson's Spinning）　ⓞ オステルヨートランド　ⓟ パピー
毛糸に関するお問合せ先は、92ページをごらんください。商品情報は、2013年10月現在のものです。

ブックデザイン	渡部浩美	[素材提供]	
撮影	長野陽一（口絵）	きぬがさマテリアルズ（オステルヨートランド）	
	中辻 渉（プロセス、INDEX）	http://www.kinumate.sakura.ne.jp/	
スタイリング	岡尾美代子	ダイドーフォワード パピー（パピー）	
ヘア＆メイク	茅根裕己（Cirque）	☎ 03-3257-7135　http://www.puppyarn.com/	
モデル	Jennifer Nakayama	ハマナカ（ハマナカ）	
	Laurent	☎ 075-463-5151（代）　http://www.hamanaka.co.jp/	
	Lindsey		
トレース	沼本康代（p.42〜84）	[その他の材料の入手先]	
	薄井年夫	越前屋（アップルトン）	
	白くま工房	☎ 03-3281-4911　https://www.echizen-ya.co.jp/	
	大楽里美	シェーラ（ジェイミソンズ スピニング）	
校閲	向井雅子	☎ 042-455-5185	
	渡辺道子	https://shaela.jimdo.com/	
編集	三角紗綾子（リトルバード）	[撮影協力]	
	宮﨑由紀子（文化出版局）	bisque by nest Robe 新宿店　☎ 03-5368-2331	
		（p.7のパンツ／ bisque by nest Robe）	
		nest Robe 表参道店　☎ 03-6438-0717	
		（p.16、17の起毛リネンワンピース、p.18のチェックワンピース／ nest Robe）	
		nest Robe CONFECT 表参道店　☎ 03-6438-0717	
		（p.24のジャケット、パンツ／ nest Robe CONFECT）	
		AWABEES	

編みものともだち

2013年10月28日　第1刷発行
2025年 9月26日　第6刷発行

著　者　三國万里子
発行者　清木孝悦
発行所　学校法人文化学園 文化出版局
　　　　〒151-8524　東京都渋谷区代々木3-22-1
　　　　☎ 03-3299-2487（編集）
　　　　☎ 03-3299-2540（営業）
印刷・製本所　株式会社文化カラー印刷

©Mariko Mikuni 2013 Printed in Japan
本書の写真、カット及び内容の無断転載を禁じます。

• 本書のコピー、スキャン、デジタル化等の無断複製は著作権法上での例外を除き、禁じられています。
　本書を代行業者等の第三者に依頼してスキャンやデジタル化することは、たとえ個人や家庭内での利用でも著作権法違反になります。
• 本書で紹介した作品の全部または一部を商品化、複製頒布、及びコンクールなどの応募作品として出品することは禁じられています。
• 撮影状況や印刷により、作品の色は実物と多少異なる場合があります。ご了承ください。

文化出版局のホームページ　https://books.bunka.ac.jp/